JN137207

おとなの
ワンテーマ

庭園を旅する

四季を楽しむ ガーデニングツアーのすすめ

監修◎大嶋陽子

イカロス出版

はじめに

庭園鑑賞への招待

日本は各地に素晴らしい公園や洋風庭園、日本庭園があり花や緑はとても身近な存在です。

新緑や紅葉、四季の花が咲く庭園はとても気持ちがいいですね。美しいだけでなく、さまざまな香りもあるので歩いたり触れたりすることで私たちの心を癒してくれます。

自然を住まいの近くに取り込んで愛でる、懐かしい景色を模して思いをはせる。日本人は古くから住まいや寺、神社などに必ずと言っていいほど庭園をつくってきました。それは四季のある日本ならではの自然や植物への欲求で、花や緑は生活に欠かせないものだったのでしょう。日本最古の和歌集とされる万葉集でも１５０種を超える草花が詠われたことからも植物はとても身近な存在だったといえます。

庭の楽しみはさまざまですが、花は咲いてるか?どのような庭なのかを想像すること、それが庭への扉であり庭園観賞はここから始まります。一歩入ると花がいっぱいの風景や気持ちよい芝生が広がっていたり、池の水が清々しかったり。伝統的な日本庭園、コテージのような花の庭、バラや藤をテーマにした庭園などいろいろなスタイルがありますが、自由に園路を歩いたりベンチに座って気軽に楽しみましょう。写真をとったり絵を描いたりと、庭の楽しみは無限です。

本書では日本各地の花の庭園を紹介しています。北は北海道から南は沖縄まで花好きから家族連れまでどんな方でも楽しめるようにセレクトしました。気候や歴史・文化によりさまざまな形で庭づくりがされて個性豊かな庭園が生まれていますが、どの庭にもガーデンデザイナーのこだわりや植栽の美しさがあり季節が変わると見え方も変わる究極の美に出会えることもあります。ご自分の地域、旅行先で行ってみたい気になる庭園があれば是非気軽に訪れてみてはいかがでしょうか。新たな発見や素敵な出会いがあるはずです。また庭師やガーデナーさんと話したり、庭の見どころや花の名前を知るのも楽しいでしょう。

皆さんにとって庭園観賞がひとときの幸せな時間となりますよう、お役立ていただけたらうれしく思います。

２０２５年２月

大嶋　陽子

庭園を旅する　もくじ

中部・近畿エリア CHUBU・KINKI

中国・四国エリア CHUGOKU・SHIKOKU

九州・沖縄エリア KYUSHU・OKINAWA

日本庭園 NIHON TEIEN

グループ向け庭園 GROUP

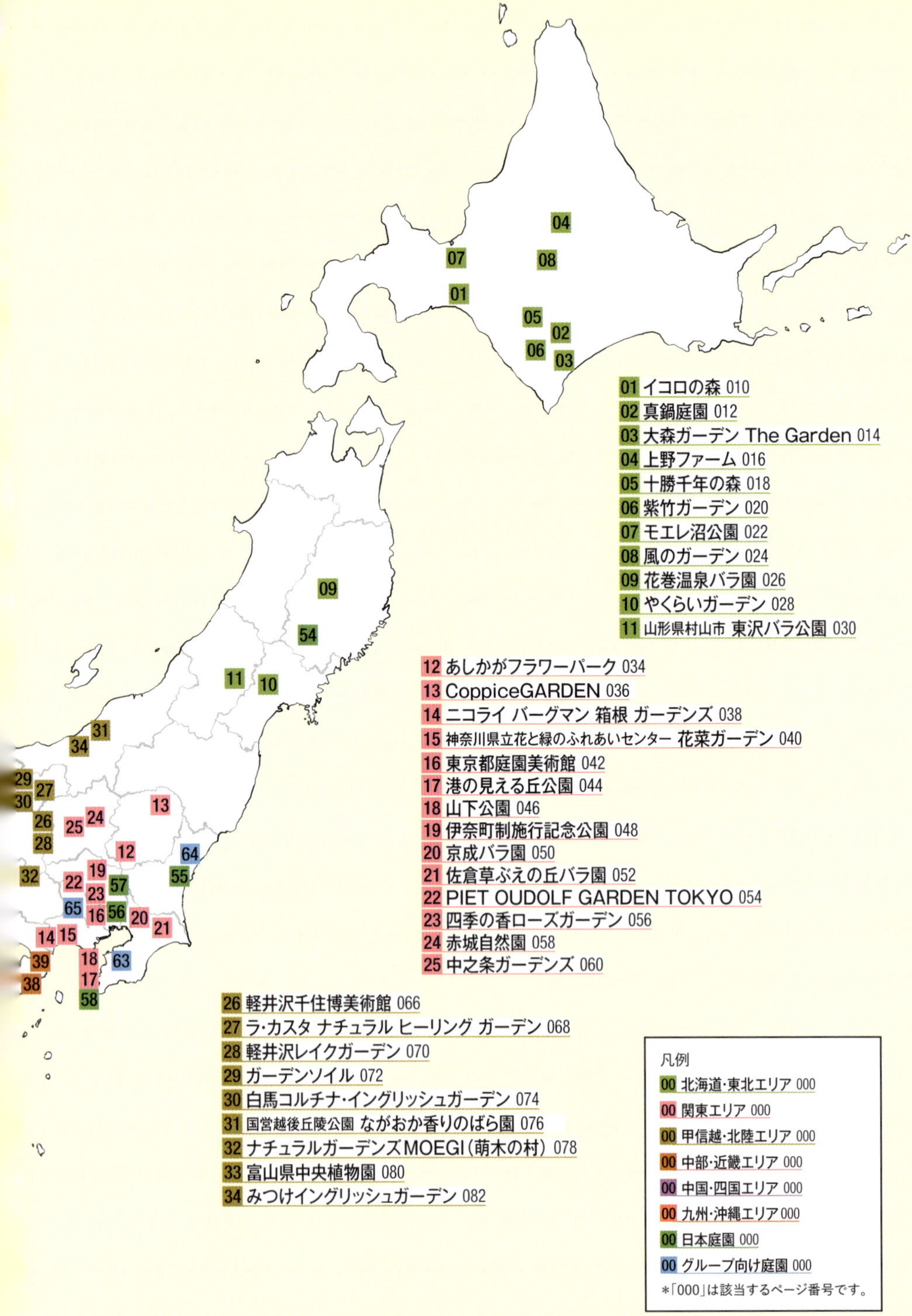

凡例
00 北海道・東北エリア 000
00 関東エリア 000
00 甲信越・北陸エリア 000
00 中部・近畿エリア 000
00 中国・四国エリア 000
00 九州・沖縄エリア 000
00 日本庭園 000
00 グループ向け庭園 000
＊「000」は該当するページ番号です。

庭園を旅する

全国庭園マップ

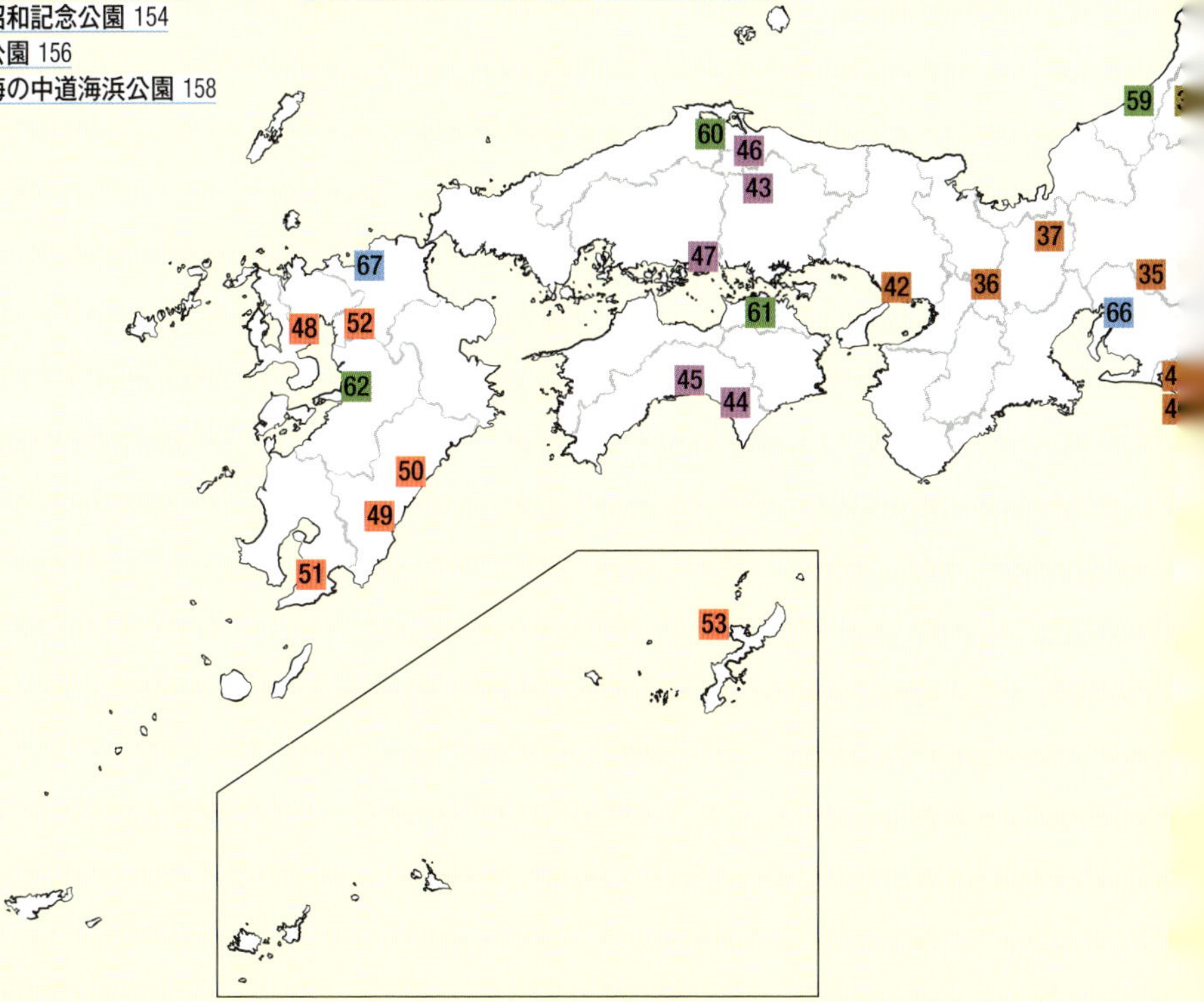

本書の使い方

【見どころ】
各施設の見どころや知っておきたい情報をガーデニングのプロがアドバイスします。

【本文】
各施設の概要や歴史、見ることができる主な植物の種類などを紹介しています。

㊐【開園時間】
開園時間は、イベント等により変更になる可能性があります。また、閉園時間前に入園締め切りとなる施設もあるのでご注意ください。園内施設(ショップやカフェなど)の営業時間と異なることもあります。

㊡【休園日】
原則として休園日を掲載(年末年始休園は省略)。メンテナンス等、臨時で休みとなる場合があります。施設によっては、冬期長期休園などを設定している場合もあるので、事前にご確認ください。

㊕【入園料】
シーズンやイベント等により別途料金が必要になることがあります。また、本書の発行後、予告なく変更される場合もありますのでご注意ください。

・FAX【住所等】
住所／電話番号／アクセス
アクセスは利便性を考慮したルートの一例を掲載しています(所要時間は目安)。交通機関によって運行本数の少ないものや、曜日によって運休するものなどもあるので、出かける前にご確認ください。

北海道・東北エリア

HOKKAIDO・TOHOKU

no.01

イコロの森

苫小牧市

北国ならではの花木が森と調和する

北の玄関口・新千歳空港から車で約15分。イコロとはアイヌ語で「宝物」を意味し、その名の通り、深い森に抱かれた敷地内には、自然に呼応した11の美しいテーマガーデンが点在する。

代表を務めるローズグロワーの工藤敏博氏は、耐寒性・耐病性に優れ、寒冷地の気候風土に適したバラ栽培の名手として知られ、その普及と北海道ならではの景観を追求。「ローズガーデン」では、ハマナシの交配種であるハイブリッド・ルゴサをはじめとした、珠玉のバラコレクションを観賞できる。

緑の芝と柔らかな色彩をまとった帯状花壇のコンビネーションが見事な「ボーダーガーデン」、さまざまなトーンの白い花や美しい斑入りのグリーンが清楚な色合いを描く「ホワイトガーデン」、山野草や北海道に自生する水辺の植物の生命力があふれる「ナチュラルガーデン」など、歩を進めると、次々に個性豊かな庭が現れ、その独自の世界観に引き込まれてしまう。

ショップ「イコロハウス」では、ナーサリーで育てられた希少な品種のバラや花木、宿根草の苗の購入も可能だ。

ローズガーデンでは、北海道ならではの希少な品種のバラと出合える

白系の花々とグリーンのコントラストがすがすがしいホワイトガーデン

❶約90メートルの美しい芝に沿って、帯状花壇が続くボーダーガーデン ❷水やりや肥料を必要としないローメンテナンスのドライガーデン ❸森の息吹が感じらるウッドランドガーデン ❹ガーデンの入り口に構えるガーデンカフェ「チセ」では、オリジナルのブレンドコーヒーなどが味わえる

時 9:00～17:00
休 開園期間中は無休（11月1日～4月20日は冬季休業）
料 中学生以上800円、65歳以上400円、小学生以下無料

〒059-1365 北海道苫小牧市植苗565-1
0144-52-1562／新千歳空港IC→車10分

POINT 白花の宿根草や斑入り植物を集めて植栽した「ホワイトガーデン」。パーゴラから溢れるように咲く白い小輪バラの周囲にはアスチルベやアストランティアなどの宿根草が咲き誇り、静寂と気品を感じる。

no.02

真鍋庭園

帯広市

針葉樹の貴重なコレクションを巡る

十勝・帯広市で樹木の輸入・生産・販売を手掛ける「真鍋庭園苗畑」が運営する日本初のコニファーガーデン。日本庭園、西洋風庭園、風景式庭園の3エリアで構成された2万5千坪の園内では、北欧などから集められた珍しい樹木をはじめ、数千品種を超える植物の貴重なコレクションを観賞することができ、見本園としての価値も高い。

ウェルカムアーチをくぐり、園内に足を踏み入れると、金や銀、青など多彩な葉色のニュアンスを持つ大小の針葉樹や、一世紀以上前の古木が威風堂々と鎮座し、別世界に迷い込んだような気分に。気品あふれる針葉樹のコレクションに目を奪われるが、春にはエゾエンゴサクやエゾアジサイ、夏には華麗なバラやハマナス、秋にはハギ、ナナカマド、世界中から収集したメープルの紅葉が見頃を迎え、季節それぞれの彩りとの調和も見どころだ。

２０１８年から、園内の森を野外ギャラリーとして現代芸術作家の作品を展示する森のオープンギャラリー「大きな木」を春と秋に開催。自然とアートが融合する異世界を体感できる。

同じ属種の色違いの植物を左右反対象に配した「リバースボーダーガーデン」

7月の「ヨーロッパガーデン」。淡いブルーをまとった針葉樹が印象的

❶手入れに時間がとれない人の参考に、成長の遅い植物を集めてデザインされた「ドワーフガーデン」 ❷枝垂れと呼ばれるユニークな形の樹木が独特の雰囲気を漂わせる「モンスターガーデン」 ❸鯉の池を囲む風光明媚な日本庭園 ❹最新の園芸品種を購入できるガーデンセンター

時 **8:30～17:30(最終受付～17:00)**
※時期によって変動あり
休 **開園期間中は無休(11月下旬～4月下旬は冬季休業)**
料 **高校生以上1000円、小・中学生200円、未就学児無料**

〒080-0832 北海道帯広市稲田町東2線6番地
0155-48-2120／JR帯広駅→車10分

POINT 広大な敷地にダイナミックに育つ多種多様なコニファーコレクションは圧巻。品種により違う樹形や葉色、香りの発見も楽しい。コニファーのほか、ノリウツギやアジサイも見ごたえあり。

no.03

大森ガーデン The Garden

広尾町

写真提供:今井秀治

北国の宿根草がたくましく根付く

日高山脈の裾野で草花を生産管理するナーセリー「大森ガーデン」が手掛けるモデルガーデン。

同社は1985年、グランドカバープランツの生産を皮切りに、宿根草の生産を本格的にスタートした。代表取締役社長の大森康雄氏とガーデンデザイナーの妻・敬子氏は、厳冬期はマイナス20℃を下回るという十勝・広尾町でも、たくましく丈夫に根付く魅力的な宿根草を探求。長年、試行錯誤を繰り返した末、現在は1000品種以上の宿根草を生産している。

その草花本来の、のびのびとした姿や美しさを知ってもらうため、開設したのがこのモデルガーデン。園内には、大森夫妻が厳選した宿根草がダイナミックに息づき、季節ごとに豊かな表情を見せてくれる。デザインを担当する敬子氏は、植物と真摯に向き合い、その魅力を最大限に発揮させることを第一に心掛けているという。脇役になってしまいがちな植物も、別の植物と組み合わせることで互いが輝くこともある。そんな相乗効果を見つけるのも、このガーデンの醍醐味だ。

白く可憐なオオバナノエンレイソウが咲く5月の「野の花ガーデン」

芝生の小道を挟み、グラス類と宿根草をモザイク状に植栽したエリア

❶フロックス・ハーレークウィーンが揺れる8月の「ストライプボーダーガーデン」❷シルフィウム モーリーとアスター ビオレッタの秋の競演 ❸花苗や鉢をはじめ、ガーデングッズも販売 ❹カフェで人気のホットドッグには、自社生産のエディブルフラワーが!

(時) **10:00～16:30**
(休) **月曜(祝日の場合は翌日休)、10月下旬～4月下旬は冬季休業**
(料) **大人1000円、中学・高校生400円、小学生以下無料**

〒089-2446 北海道広尾郡広尾町紋別14-73-2
01558-5-2525／JR帯広駅→車1時間

POINT 植物それぞれの性質を知り尽くしたナーセリーならではの植物選び、配植、管理はガーデニング好きには参考になるアイデアが満載。特に耐寒性の強い宿根草はここでチェック。いいなと思ったら植物購入できるのもうれしい。

 https://omorigarden.shop-pro.jp

no.04

上野ファーム

旭川市

季節を映すドラマチックガーデン

ガーデナーの上野砂由紀氏はもともとアパレル会社に勤務していたが、園芸研修を受けるためイギリスへ。帰国後、旭川市郊外に広がる実家の農場で、「お客様の目を楽しませたい」という思いから家族とともに庭づくりを始めたのが「上野ファーム」の原点だ。

雄大な田園風景に囲まれた庭園は、〝北海道ガーデン〟がコンセプト。北国だからこそ生き生きと美しく育つ植物をレイアウトし、野趣あふれる北海道の山野草も取り入れているという。

ガーデン内には、素朴な美しさを持つ野草やグラスが華やかな花々と調和する「ノームの庭」など10のエリアがあり、季節の移ろいとシンクロしたそれぞれの景観が訪れる者を魅了する。

園内のあちこちにチェアやソファが置かれ、お気に入りの風景を前に思い思いの時間を過ごせるのも魅力。小高い山の頂上に並ぶ虹色のチェアに腰掛けると、のどかな田園地帯がぐるりと一望でき、気忙しい日常が遠のいていくようだ。訪れる度に出合える新たな感動が、多くのリピーターを惹きつける。

レンガの小道を挟み、左右対称に植物を配した「ミラーボーラー」

7月下旬の「ノームの庭」。宿根草の花々が競い合うように開花する

❶シラカバの間にチューリップが咲く春の「白樺の小道」 ❷園内の射的山の上にぽつんとたたずむ「空のブランコ」 ❸北海道産牛乳と野イチゴのミックスソフト400円 ❹納屋をリノベーションした「NAYA café」では、野菜たっぷりのカレーやサンドイッチ、スイーツなどが楽しめる

POINT 左右対称の植栽や、水と野草が織りなすナチュラルな風景などさまざまな構成でセンス良く自在に庭づくりをしている。北海道の空に映えるポップな花色や高性の宿根草の使い方も絶妙でガーデナーのセンスが光る庭。

(時) 10:00～17:00
(休) 開園期間中は無休（10月中旬～4月中旬は冬季休業）
(料) 高校生以上1000円、中学生500円、小学生以下無料
※カフェ、ショップの利用は入園料不要

〒079-8431 北海道旭川市永山町16丁目186番地
0166-47-8741／旭川北IC→車20分

 https://uenofarm.net/home

no.05

十勝千年の森

清水町

自然に溶け込み、美しい共生のバランスを築いた「メドウガーデン」

気候風土を生かし、その営みと一体となって成熟してゆく庭――。十勝・清水町、日高山脈の麓に広がる「十勝千年の森」は、北の大地にふさわしい圧倒的なスケール感を描く〝北海道ガーデン〟がコンセプトだ。

園内には、波打つ芝の丘陵と背景にそびえる日高山脈が溶け合い、ダイナミックにコラボレーションする「アースガーデン（大地の庭）」をはじめ、十勝の在来種とそのルーツを汲む園芸種、気候の似た北米の植物を組み合わせた「メドウガーデン（野の花の庭）」、さまざまな視点から森の新たな楽しみ方を発見できる「フォレストガーデン（森の庭）」など5つのガーデンを展開。

なかでも、北海道ガーデンを象徴する「アースガーデン」と「メドウガーデン」は、ＳＧＤ（英国ガーデンデザイナーズ協会）が、毎年、卓越したデザインの庭園とガーデンデザイナーに贈る「ＳＧＤ Ａｗａｒｄ ２０１２」大賞、国際賞を受賞し、審査員からは「世界で最も美しい庭」と高い評価を受けた。

北の大地に寄り添うガーデンを巡り、その魅力を五感で楽しみたい。

北のナチュラリスティック・ガーデン

❶13の起伏が波打つ大地が、日高山脈と一体化する「アースガーデン」 ❷ヨーロッパの農家の庭をイメージしたローズガーデン ❸北海道の自生種が息づくミズナラの森「フォレストガーデン」

POINT 草原をイメージして作られたナチュラルな色彩のメドウガーデン。種類を厳選し緻密に計算された植栽は厳しい環境の中で枯れゆく姿も美しい。自然と共生しながら作り上げた北海道ならではのダイナミックな風景を存分に味わえる。

❹「農と食と庭」が融合したキッチンガーデンでは、オーガニック野菜の栽培も ❺広大な園内を巡るセグウェイガイドツアー（9800円）は初心者も安心

㊋ **9:00～17:00（最終受付～16:30）※時期によって変動あり**
㊡ **開園期間中は無休（10月中旬～4月中旬は冬季休業）**
㊙ **高校生以上1200円、小・中学生600円、未就学児無料**

〒089-0356 北海道上川郡清水町羽帯南10線
0156-63-3000／JR十勝清水駅→車20分

no.06

紫《し》竹《ちく》ガーデン

帯広市

春には約10万本・100種類の色とりどりのチューリップが庭園の主役に

野の花がおおらかに咲き誇る楽園

十勝平野の田園地帯に位置する「紫竹ガーデン」は、約6ヘクタールの敷地にシラカバなど北海道の木々が枝葉を広げ、春から秋まで約2500種の草花が咲き継ぐ一大庭園だ。

創業者の紫竹昭葉氏が、「子供の頃に遊んだ、野の花が自由に咲く風景」を夢見て、自らの手でコツコツと作り上げ、1992年にオープン。無農薬栽培にこだわり、大豆や米ぬかなど地元・十勝で手に入るもので自家製の有機肥料を作り、健康な土づくりを基盤としてきた。豊かな土壌の恩恵を受けて、大きく生き生きと咲き誇る花々こそが、この庭園の見どころだろう。

園内には、150メートルに渡って続く「宿根ボーダーガーデン」や白い花で統一された「ホワイトガーデン」など11のエリアがあり、春は残雪の日高山脈を背景にクロッカスやチューリップ、夏はクレマチスやバラ、秋はダリアやコルチカムが見頃に。〝紫竹のおばあちゃん〟として慕われていた紫竹氏は、2021年に94歳でこの世を去ってしまったが、庭への愛はしっかりと受け継がれ、美しい風景とともに息づいている。

❶初夏の「宿根ボーダーガーデン」。小道から視点の高さを変えて眺めると、また違った趣きが楽しめる ❷花柄の帽子と洋服がトレードマークだった紫竹氏 ❸サルビア・ヴィリディスが咲く「パレット花壇」

POINT ひとりの女性の思いから始まった夢の庭。こぼれダネで育つ小花、毎年咲く宿根草や球根類が色鮮やかにそして周囲の自然に馴染んで優しい表情を見せてくれる。花からもらう喜びや愛、ガーデニングのあるべき姿がここにある。

❹秋の「花の径」。カラフルな花の季節はもちろん、黄色やオレンジ色のグラデーションに包まれる紅葉も見事だ ❺レストランでは自家農園の無農薬野菜や十勝の食材を使ったメニューや朝食ビュッフェ(写真)なども楽しめる

(時) 8:00～17:00(最終受付～17:00)
(休) 開園期間中は無休(11月上旬～4月下旬は冬季休業)
(料) 高校生以上1000円、小・中学生200円、未就学児無料

〒080-2106 北海道帯広市美栄西4線107
0155-60-2377／JR帯広駅→車35分

no.07

モエレ沼公園

札幌市

イサム・ノグチが手掛けたアートパーク

札幌市の市街地を公園や緑地の帯で包み込もうという「環状グリーンベルト構想」における拠点公園として計画された総合公園。「公園全体をひとつの彫刻作品に」というコンセプトのもと、20世紀を代表する世界的な彫刻家、イサム・ノグチが基本設計を手掛けたことでも知られている。

約１８９ヘクタールの広大な敷地には、園内最大の造形物でランドマークでもある「モエレ山」をはじめ、石を敷き詰めた広場と１５０メートルのカナールで構成された「アクアプラザ」、１６００本のサクラに囲まれた遊具エリア「サクラの森」など、幾何学形態を多用した山やモニュメントなどが整然とレイアウトされ、自然とアートが融合した美しい景観を描き出す。なかでも、ピラミッドを彷彿とさせる人工山「プレイマウンテン」は、ノグチの長年の夢であった「大地を彫刻として地球を彫り込む」というアイデアを具現化したランドスケープアートだ。

自然のダイナミズムと調和しながら、存在感を誇示するアートの数々に触れ、ノグチの世界観に浸りたい。

柔らかい芝の緑と金属の鋭い光が併置された「テトラマウンド」

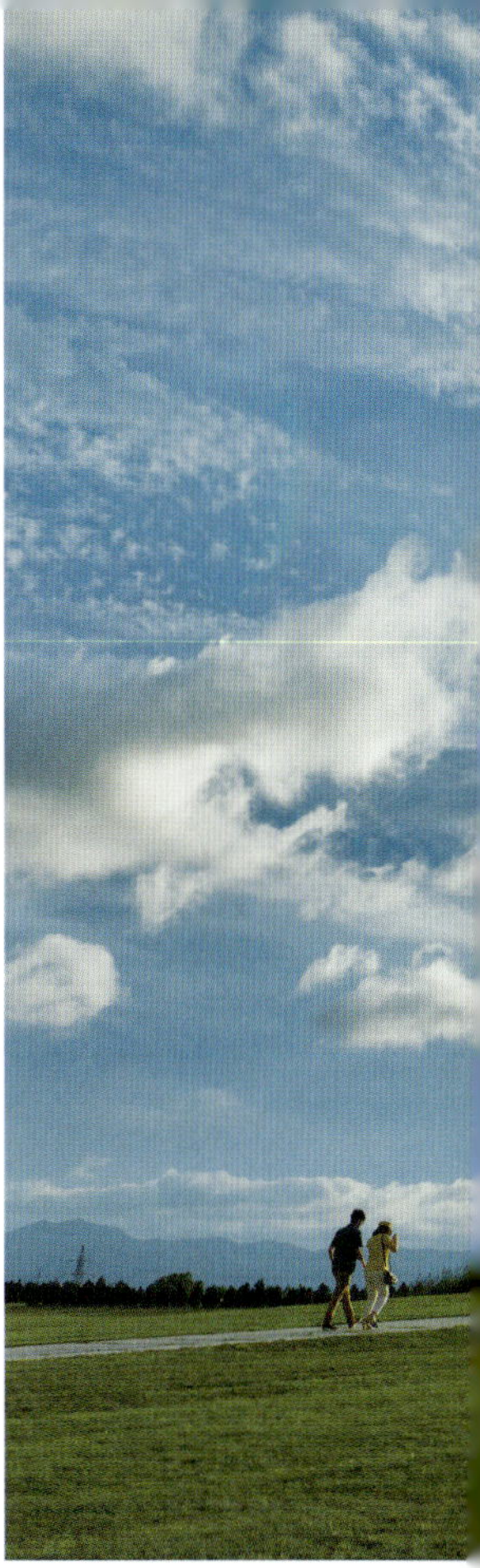

大空の下、頂上へ向かう白い一本道が緩やかに続く「プレイマウンテン」

❶海辺をイメージした水遊び場「モエレビーチ」❷直径48メートルの「海の噴水」では最大25メートルまで噴き上がる“水の彫刻”が楽しめる ❸公園の文化活動の拠点となる「ガラスのピラミッド」には、レストランやギャラリー、ショップがある ❹126基のカラフルな遊具が並ぶ「サクラの森」

㊋ 7:00～22:00(最終入園～21:00)
㊡ 無休
※ガラスのピラミッドを含む園内各施設の営業時間、休業等はホームページで確認を
㊕ 入園無料

007-0011 北海道札幌市東区モエレ沼公園1-1
011-790-1231／地下鉄環状通東駅→車20分

POINT 広大な敷地に幾何学的なオブジェや遊具が点在するアートパーク。春のサクラ、モエレ山の緑、連なる山々。ガラスのピラミッドをはじめとした巨大な建築とアート、自然が一体となり圧巻。

 https://moerenumapark.jp

＊写真提供：モエレ沼公園

no.08

風のガーデン

富良野市

ドラマに登場した白壁の家と花咲く庭の風景は、まるで印象派の絵画のよう

新富良野プリンスホテルの敷地内に位置し、富良野を舞台にした倉本聰脚本のテレビドラマ『風のガーデン』の舞台にもなったナチュラルガーデン。

旭川市「上野ファーム」(→P16)のガーデナー、上野砂由紀氏がデザイン設計を手掛け、カラマツの森に囲まれた約2000平方メートルのガーデンには、宿根草を主軸に約450種の草花が植栽され、春はプルモナリアやチューリップ、夏はカンパニュラやバーバスカム、秋はルドベキアなど、季節ごとの花々が目を楽しませてくれる。

原種やオールドローズを中心とした約70種類のバラと宿根草、グラスを組み合わせた「薔薇の庭」は6月下旬から7月上旬が最盛期だが、真っ赤なローズヒップが実る秋の紅葉もおすすめだ。北海道の山野草が揺れる「野の花の散歩道」は、自然の営みがもたらす変化を取り入れた草原のようなエリア。素朴でのどかな風景に心が和む。

7・8月は朝6時半から早朝営業するモーニングガーデンを開催。ひんやりと澄んだ空気の中を散策しながら、生き生きと咲き誇る花々を観賞できる。

ドラマの舞台となったナチュラルガーデン

❶7月のメインガーデン。淡い花色の組み合わせが清楚な雰囲気を醸す ❷秋はパステルカラーの夏から一変し、しっとりシックな雰囲気に ❸原種の力強さとオールドローズの繊細な美しさを堪能できる「薔薇の庭」

POINT 曲線の小道とその先にある小さな家、周囲に植栽され庭を彩る宿根草。歩いたり、立ち止まったりして物語のように楽しむ庭。季節の移り変わりと共に変化する植物の美しさ、森に抱かれた温もりある空間を堪能できる。

❹白壁のグリーンハウス内にはドラマ撮影時のセットがそのまま保存されている ❺ふれあい牧場ではヤギたちがのんびりと草を食む

時 8:00～17:00、7・8月は6:30～17:00、
9月下旬から10月中旬は8:00～16:00まで
(最終受付は閉園の各30分前)
休 開園期間中は無休(10月中旬～4月下旬は冬季休業)
料 中学生以上1000円、小学生600円、未就学児無料

〒076-8511 北海道富良野市中御料
0167-22-1111(新富良野プリンスホテル)／JR富良野駅→車10分

 https://www.princehotels.co.jp/shinfurano

no.09

花巻温泉バラ園

花巻市

温泉郷を優美に彩るバラの楽園

花巻温泉郷に4館の宿を持つ花巻温泉の敷地内に広がる、東北エリア屈指のバラ園。花巻出身の作家、宮沢賢治が設計した「南斜花壇」があった場所に造成され、１９６４（昭和35）年に開園したのが始まりで、現在は約５０００坪の敷地に約４５０種・６０００株以上のバラが植栽され、5月下旬から7月上旬にかけての最盛期には、鮮やかな色彩と高貴な香りに満ちあふれる。

園内にはイングリッシュローズやオールドローズ、ベルギーローズなど品種ごとのバラ園が点在。オリジナル品種のコーナーでは、情熱的な赤色の「花巻フレア」や赤い縁の花びらをまとった「ホリデー花巻」など、品種改良された貴重なコレクションを観賞できる。

毎年5月下旬から10月中旬には、バラ園がライトアップとイルミネーションに彩られる人気イベント「ナイトローズガーデン」を開催。昼とはまた違った幻想的な雰囲気に包まれる。ホテル千秋閣の女性用大浴場では、優雅な香りのバラ風呂（5～10月）を楽しむことも。さまざまなシチュエーションで、バラの楽園を満喫したい。

多品種のバラが咲きそろう最盛期は、豪華絢爛な花風景にうっとり

バラの花壇に囲まれた噴水エリアにはベンチが置かれ、休憩にぴったり

❶花色が黄色から赤、ピンクへと変化するオリジナル品種「カクテルローズ」 ❷創業90周年を記念して誕生したオリジナルの新品種「ミラクルローズ90」 ❸噴水エリアのアーチから総延長100メートルに渡って続くバラのトンネル ❹ロマンチックな光に包まれるナイトローズガーデン

(時) 8:00～17:00、10月中旬から5月下旬は8:00～16:30（最終受付は閉園の各30分前）

(休) 無休

(料) 中学生以上1000円（6月下旬から10月上旬は500円、10月上旬から中旬は800円）、小学生以下無料
※冬季は入園無料

〒025-0304 岩手県花巻市湯本1-125
0198-37-2111（花巻温泉総合予約センター）／花巻IC→車5分

POINT 温泉という癒しの地で6000株ものバラを堪能し贅沢な時間を過ごせる。花や植物を愛でた宮沢賢治設計の「日時計花壇」も現存。品種改良されたオリジナルのバラにも注目したい。

no.10

やくらいガーデン

加美町

サルビアやマリーゴールドなどが虹色を描く、秋の「ふるるの丘」

大地を彩る花畑のパノラマが圧巻

仙台中心部から車で40分ほど、稜線の美しさから加美富士とも呼ばれる薬莱山の麓に位置する、東北屈指の観光ガーデン。総面積15万平方メートルの園内は、約400種類の草花を配した8つのテーマガーデンで構成され、季節によって風景が一変するので、何度も足を運ぶリピーターも多い。

広大な敷地を生かした迫力あふれる花畑をパノラマで楽しめるのが醍醐味で、春は菜の花、夏はヒマワリ、秋はサルビアが圧倒的なスケール感で咲き誇り、カラフルな絶景が展開される。なかでも東北最大級の規模を誇る「ふるるの丘」には、緩やかな丘陵地に植栽された帯状の花畑が連なり、まるで大地一面に虹が広がっているようだ。

6・7月は、イングリッシュローズやフレンチローズ、オールドローズなど多種多様なバラが次々と咲きそろい、ガーデン内が最も華やぐシーズン。ショップでは、植栽されている品種のバラ苗を販売しているので、お気に入りを購入し、自宅で育ててみるのもいい。

フォトジェニックなスポットも数多く、園内を巡る度に心が躍る。

❶5月下旬から6月初旬は、菜の花の黄色い絨毯が一面に広がる ❷スイセンやビオラなどがパッチワークのように並ぶ春の花畑 ❸6月中旬から7月上旬は、約300株が植栽されたローズガーデンが最も華やぐ季節

POINT 花を絵具に大地をキャンバスに。色彩豊かに塗り描き、一目見たら忘れられない光景。大地のアンジュレーションも花畑に動きを与え、気持ちも躍動する。満開の時に一度は訪れたい。

❹10月上旬から12月下旬には、幻想的なイルミネーション「星あかり」を開催 ❺ドリンクや軽食を楽しめるカフェもある

㊕ 10:00～17:00(最終受付～16:30)
㊡ 5・6・9・10月は無休、4・7・8・11月は不定休(11月下旬～4月中旬は冬季休業)
㊙ 高校生以上800円、小・中学生200円、未就学児無料

〒981-4375 宮城県加美郡加美町味ヶ袋やくらい原1-9
0229-67-7272／大和IC→車40分

no.11

山形県村山市 東沢バラ公園

村山市

世界のバラを愛で、香りに癒される

京成バラ園バラ研究所の所長を務めた日本のバラ界の父、鈴木省三氏がデザイン設計を手掛け、1956(昭和31)年に開設された歴史あるバラ園。

3つの湖と森に囲まれた約7ヘクタールの敷地には、設立当初から親しまれている「クラシックガーデン」や「オールドローズ園」、皇室ゆかりのバラを集めた「皇室のバラ」など、さまざまなテーマのエリアによって構成され、村山市のオリジナル品種・むらやまをはじめ、グリーンローズやバイオレット、黒真珠など、希少な品種も観賞できる。

傾斜のある地形を生かした園内は、山からエントランスに向かって風が通るように設計されており、風とともにバラの香りが運ばれてくるのが特長で、2001年には、全国のバラ園で唯一、環境省の「かおり風景100選」に選定された。香りのいい品種を集め、7タイプの香りが楽しめるという趣向の「香りのバラ」エリアも見逃せない。

バラの見頃は、5月下旬から6月下旬と、9月中旬から下旬の2シーズン。最盛期には「バラまつり」が開催され、多くのバラ愛好家が訪れる。

ロマンチックなスポットとして「恋人の聖地」にも認定された

バラの香りを堪能するには、空気の澄んだ朝に訪れるのがおすすめ

❶つるバラを這わせてフォーカルポイントにした約3m四方のローズドーム ❷❸バラ交流館にはみやげ店や体験教室、ギャラリーがあり、飲食スペースではバラソフトクリームやローズティーなどが楽しめる ❹秋のバラまつり期間は、園内がロマンチックにライトアップされる

(時) **入園自由**
※バラまつり開催期間の9:00～17:00は有料
(休) **無休**
(料) **無料**
※バラまつり開催期間は高校生以上600円、小・中学生300円、未就学児無料
※2025年5月まで一部改修工事中

〒995-0023 山形県村山市楯岡東沢1-25
0237-53-5655(東沢公園管理棟)／JR村山駅→車5分

POINT 山々に囲まれたバラ園。「かおり風景100選」の名の通り、濃厚で芳醇な香りを楽しめるのもこの地形ならでは。香りを楽しむなら早朝がベスト。小高い展望台から眺める風景は池とバラがマッチして絶景。

 https://www.pride2.co.jp/murayamabara

column1

庭園のベストシーズンは？

行ってみたい庭園はたくさんあるけれど、庭園のベストシーズンはいつ？庭園には主に3つシーズンがあって、花＝特定の花・四季の花、緑＝新緑や夏の緑、紅葉＝葉が色づくころがあります。

花について東京を基準にいうと、ゴールデンウィークを起点に考えて、その前は春の花のシーズン（スイセン、サクラ、チューリップ、ネモフィラ、藤など）、ゴールデンウィークを含む5、6月はバラやシャクナゲ、7〜9月は夏の宿根草やカラーリーフ、10〜11月は秋バラやグラス類という風に大きく分けて考えます。冬はどうかといえば、草花は休眠して見えるのは土ばかりということからクローズする庭園もあります。

もちろん良い季節なら庭園はいつだって楽しいものですが、主にどんな植物を植えているのか、どんな植栽を見せたいのかということがホームページなどでインフォメーションされているので参考にするとよいでしょう。

Yoko Oshima

関東エリア

KANTO

no.12

あしかがフラワーパーク

足利市

艶やかな藤の花が降り注ぐ一大庭園

１９６８（昭和43）年、栃木県足利市に「早川農園」として開園し、都市開発のため１９９７年に現在地へ移転。「あしかがフラワーパーク」としてオープンし、スケールアップした。

10万平方メートルの広大な園内は、年間8つの花の季節をテーマに沿って植栽され、早春の冬咲きボタンを皮切りに、チューリップや菜の花、初夏は青と白を基調にしたアジサイやハナショウブ、秋は鮮やかなアメジストセージなど、四季折々の景観が楽しめる。

最大の目玉は4月中旬から5月中旬にかけて見頃を迎える大藤棚。樹齢１６０年におよぶ６００畳敷の大藤棚3面をはじめ、世界でも珍しい八重の大藤棚、庭木仕立ての藤、80mに渡って続く白藤のトンネルなど「世界一美しい」と称される藤の競演が繰り広げられ、得も言われぬ美しさに息を飲む。

また、10月下旬から2月中旬に開催されるイルミネーション「光の花の庭」は、日本夜景遺産「日本三大イルミネーション」に認定され、全国の夜景観光士が選ぶイルミネーションランキングにおいても2年連続で全国１位を獲得。大藤とともに人気を呼んでいる。

藤の中でも強い芳香を放つ白藤。トンネルの中はその甘い香りに包まれる

4月下旬から5月上旬が見頃の「大藤棚」。花房は最大1.8メートルまで伸びる

❶開園以来、園のシンボルとして愛されている「大藤」。大藤まつりの開催期間はライトアップされる ❷ツツジの開花時期は4月中旬から5月上旬にかけて ❸藤の香りを楽しめるオリジナルの藤ソフト ❹初夏の「バラの咲く島」。赤や黄、オレンジなど色鮮やかなバラで埋め尽くされる

(時) 10:00～17:00
(休) 2月第3水・木曜
(料) **中学生以上400～2300円**
4歳～小学生200～1200円、3歳以下無料
※開園時間、料金は、開花状況やイベント開催期間により変動

〒329-4216 栃木県足利市迫間町607
0284-91-4939／JRあしかがフラワーパーク駅→徒歩すぐ

POINT 藤の鑑賞をテーマとした庭園だが、バラやシャクナゲなども多く、花の見頃が何度も訪れる。山の緑に囲われ、池を配した日本庭園的な風情に雄大な藤や洋風の花が加わることで、ノスタルジックな雰囲気も味わえる。

 https://www.ashikaga.co.jp

no.13

Coppice GARDEN《コピスガーデン》

那須町

世界から集めた人気の品種を、いち早くキャッチ

那須高原の自然豊かな雑木林を借景に広がるナチュラルガーデン。経営母体であるナーセリー「大森プランツ」の代表取締役・佐々木清志郎氏が、デザイン設計から造成、植栽までを自ら手掛け、２０１３年にオープンした。

約６０００坪の敷地には、年間を通して約２０００種類の草花が植栽され、春のチューリップ、スノードロップから始まり、宿根草の開花リレーへ続く。

一番の見どころは、５月下旬から６月上旬にかけて約３００種類が咲き誇るバラの最盛期。大森プランツは、世界で最も歴史あるフランスの名門ナーセリー「ＧＵＩＬＬＯＴ（ギョー）」や、日本人独特の感性から作り出されたバラのブランド「禅ローズ」の正規代理店なので、これらの人気シリーズや新品種を観賞できるのも大きなポイントだ。品種ごとの特性を生かした見事なバランスの植栽は、バラを熟知したナーセリーだからこそ為せる業。

バラや宿根草などの植物苗、ガーデニング雑貨などを販売するショップや、ガーデンを望むカフェもあり、一日かけてゆっくりと過ごすファンも多いそう。

深緑が美しい7月上旬はバラの二番花が咲き始めるシーズン

サルビアやアリウムなどが咲く5月上旬の「季節のガーデン」

❶6月上旬は色とりどりのバラと宿根草のコラボレーションが楽しめる ❷バラやジギタリス、カンパニュラが競演する6月上旬の「季節のガーデン」 ❸紅葉シーズンはガーデン全体が赤や黄色の秋カラーに染まる ❹カフェで人気のホームメイドタルト（週末限定）はテイクアウトもOK

(時) 10:00～17:00（最終入園～16:30）
※時期によって変動あり
(休) 不定休（カフェは水・木曜休）
(料) 一般500～800円、未就学児無料
※時期によって変動あり
※カフェ、ショップの利用は入園料不要

〒325-0001　栃木県那須郡那須町高久甲4453-27
0287-62-8787／那須IC→車8分

POINT 国内外のローズブランドから集められた選りすぐりのバラ、丈夫に育つ宿根草や球根などが植栽され那須の自然に馴染み一年を通して見ごたえある庭となっている。新品種や植物のトレンドもいち早くキャッチでき発見の多い庭。

 http://coppicegarden.info

no.14

ニコライ バーグマン 箱根 ガーデンズ

箱根町

四季折々に変化する唯一無二のガーデン

デンマーク出身のフラワーアーティスト、ニコライ・バーグマン氏が、8年がかりの構想を経て、2022年にオープンしたガーデン。バーグマン氏は、日本の伝統・文化・風土から得られるインスピレーションを最大限に生かし、和と洋を融合した独自のデザインを追求し、20年以上、日本を拠点に活動してきた。そんな日本でこそ生まれるインスピレーションを、より具現化し永続的に残したいという思いから、人と自然が繋がる唯一無二の場所として作り上げたのがこのガーデンだ。

約8000坪の園内には、石や枝、落ち葉など箱根の自然素材を使ったオブジェや季節ごとのフラワーアートが各所に点在し、生命力あふれる手つかずの大自然と融合する。ガーデン内の散策路には、クマザサやススキを乾燥させた手作りのチップが敷き詰められ、ふかふかの柔らかな感触が心地いい。

併設のカフェでは、スモーブロー（デンマークのオープンサンド）などを提供。テイクアウトメニューはピクニックバスケットに入れて用意してくれるので、園内でランチを楽しむのもいい。

9月下旬から10月にかけてはガーデン全体がハロウィン一色に染まる

7月中旬には約2000株ものアジサイが色とりどりに咲き誇る

❶11月中旬から12月下旬は、マツボックリのオブジェやクリスマスツリーが各所に登場し、赤と緑色に包まれる ❷大自然とアジサイのオブジェが融合する7月中旬のメインストリート ❸箱根の大自然を舞台に新境地を切り拓いたバーグマン氏 ❹スカンジナビアスタイルのカフェ「NOMU hakone」

(時) 10:00～17:00(最終受付～16:30)
(休) 水曜(祝日の場合は営業、翌日休)
(料) 一般1500円、中・高校生、大学・専門学生1100円、小学生以下無料
※事前Web予約の料金。学生は入園時に証明できるものを提示
〒250-0408 神奈川県足柄下郡箱根町強羅1323-119
0460-83-9087／箱根登山電車強羅駅→車5分

POINT 季節に合わせて変える、自然の中に溶け込むようなアート作品の演出も魅力の一つ。森から出た枝葉、石などを利用した自然にやさしい庭づくりを実践しており、野趣あふれる空間を堪能できる。

no.15

神奈川県立花と緑のふれあいセンター 花菜《かな》ガーデン

平塚市

品種改良の変遷を辿るバラの歴史園

季節ごとの花木に彩られたフラワーゾーン、田植えや収穫体験が楽しめるアグリゾーン、農業や園芸の知識を深められるめぐみの研究棟ゾーンの3エリアからなる体験型の複合ガーデン施設。

フラワーゾーンでは、春はサクラやチューリップ、夏はユリやスイレン、秋はムクゲ、冬はクレマチスなど、四季を通じて多彩な花々が目を楽しませてくれる。なかでも、バラ園「薔薇の轍」は、愛好家からの注目が年々高まっている人気スポットだ。バラの品種改良の歴史に沿って系統・分類ごとに展示されているのが特徴で、野生種とその交配種から、オールドローズ、モダンローズ、イングリッシュローズへと続き、時代の流れとともに優雅さを増していくバラの変遷を辿ることができる。

また、クライミングローズなどをパーゴラに這わせ、大きく波打つ湘南の海を表現した「バラの海」や、香りを強く放つ品種群が植栽された「香りのバラ」も見逃せない。例年5月上旬から6月上旬と10月中旬から11月上旬の最盛期には、それぞれローズフェスティバルが開催され、多くの来園者で賑わう。

春は「球根ミックス花壇」のチューリップとサクラの競演が美しい

野生種から近年のバラまで約1300品種が植栽されている「薔薇の轍」

❶尾根見の池では、6月から10月にかけて温帯スイレンが楽しめる ❷真っ白いパンパスグラス（シロガネヨシ）が揺れる夏のグリーンフィールド ❸晴れた日には園内から富士山の姿が見られることも ❹11月開催の「夕暮れのバラ園」。日没後、秋バラがライトアップされる

POINT 「農と花」がテーマだが中でもバラ園「薔薇の轍（わだち）」は印象的。庭として美しいだけでなく、野生種からオールドローズ、そしてモダンローズへと改良の歴史を重ね人と共に生きてきたバラの世界を垣間見ることができる。サーモンピンク色のバラ、「花菜ローズ」も植わる。

㊋ 9:00～17:00（12～2月は～16:00）、5月は8:30～17:00
㊡ 3～6月、9～11月は無休、7・8月は第2・4水曜（祝日の場合は営業、翌日休）、12～2月は水曜（祝日の場合は営業、翌日休）
㊕ 20歳以上600円、20歳未満300円、小・中学生200円、未就学児無料　※変更予定あり。ホームページで確認を

〒259-1215 神奈川県平塚市寺田縄496-1
0463-73-6170／JR平塚駅→バス25分、下車徒歩5分

no.16

東京都庭園美術館

港区

アール・デコの名建築とゆかりの庭園

1933（昭和8）年に皇族朝香宮邸として建てられた歴史的建造物（本館）を生かし、1983（昭和58）年、名建築と美術作品の鑑賞、緑豊かな庭園を同時に楽しめる「東京都庭園美術館」として開館。多様なジャンルの展覧会を中心に、装飾美術の観点から美術作品を紹介している。本館の主要な部屋の内装は、アンリ・ラパンやルネ・ラリックら、フランスのアール・デコ様式の著名なデザイナーが起用されており、宮内省内匠寮が手がけた邸宅の中でも、特色のある建築として名高く、2015年には、正門、茶室等とともに国の重要文化財にも指定された。

朝香宮邸時代の面影を残す庭園は、芝生が広がり開放感のある芝庭と、築山と池を備えた起伏に富んだ景観と和の情緒にあふれる「日本庭園」、ベンチが配された寛ぎの空間で、春にはワシントンから里帰りしたサクラが楽しめる「西洋庭園」の3エリアからなり、それぞれに異なる趣と四季折々の景観が楽しめる。都心にありながら、気忙しい日常を忘れさせてくれる静寂と包容力が魅力だ。

木陰にベンチが置かれた西洋庭園。シイノキの巨木がシンボルだ

朝香宮邸時代の面影を残す庭園には、アカマツやモミジが枝葉を広げる

❶紅葉に包まれた日本庭園内の茶室「光華」。夏・秋の特別公開期間には茶室内の広間から庭園を眺められる ❷アール・デコの精華を積極的に取り入れられた本館 ❸庭園の緑を望むレストラン「comodo」 ❹美術館のオリジナルグッズを販売するミュージアムショップ「リュミエール」

㊡ 10:00～18:00（最終受付は30分前）
㊡ 月曜（祝日の場合は開館、翌平日休）
㊖ 一般200円、大学生（専修・各種専門学生含む）160円、中学・高校生、65歳以上100円、小学生以下無料
※上記は庭園入場料。展覧会チケットの購入者は入場無料（チケット料金は展覧会によって異なる）

〒108-0071 東京都港区白金台5-21-9
050-5541-8600／JR目黒駅→徒歩7分

POINT 格式ある建築にふさわしく風格ある樹々や手入れのよい美しい芝庭は見事。西洋庭園の「ワシントンザクラ」を愛でるもよし、茶室「光華（重要文化財）」から紅葉のモミジを眺めるもよし。

写真提供：東京都庭園美術館

no.17

港の見える丘公園

横浜市

園内には合計約330種・1950株のバラを植栽。春と秋に見頃を迎える

横浜とバラの歴史が刻まれた英国庭園

かつて外国人居留地として多くの西洋人が暮らした横浜市の山手地区に位置し、横浜港の大パノラマを一望できる「港の見える丘公園」。絶好のビュースポットとして観光客やカップルから人気を集める一方、古くからバラの名所としても親しまれてきた。

1962(昭和37)年、園内の横浜市イギリス館の周囲に英国の国花であるバラを植栽されたのが始まりで、1989(平成元)年には、開港130周年、市制100周年を記念して横浜市の花に「バラ」が制定されたのを機に、この公園にバラ園が造成された。2016年には、英国風の庭をテーマにバラの植栽を中核としたガーデンへリニューアル。現在は約190種・800株のバラと一年草や宿根草が混植された「イングリッシュローズの庭」、沈床花壇と呼ばれる周囲より低い位置に造られた庭で、草花の香りが溜まりやすい「香りの庭」、横浜市イギリス館から山手111番館の後庭を結ぶ「バラとカスケードの庭」と3つの庭があり、異国情緒とともに変化に富んだバラの競演が楽しめる。

❶バラの香りの種類ごとに4つの花壇がレイアウトされた「香りの庭」 ❷展望台からは横浜港と横浜ベイブリッジを一望できる ❸高速湾岸線の本牧ふ頭と大黒ふ頭を結ぶ横浜ベイブリッジ

POINT 香りよいイギリスのバラと宿根草が楽しめる英国風庭園「イングリッシュローズの庭」では黄色のつるバラが絡んだ連続のゲートが印象的。歩くたびに香りが広がり華やいだ気分に。

❹フランス軍が駐屯していた園内のフランス山地区では、旧フランス領事館官邸の遺構も見られる

時 **入園自由(フランス山地区は夜間閉門)**
休 **無休**
料 **入園無料**

〒231-0862 神奈川県横浜市中区山手町114
045-671-3648(横浜市都心部公園担当)/みなとみらい元町・中華街駅→徒歩5分

 https://www.city.yokohama.lg.jp

no.18

山下公園

横浜市

横浜港に面した約5500平方メートルに色とりどりのバラが咲き誇る

関東大震災の復興事業として瓦礫を埋め立てて造成され、1930(昭和5)年に開園。横浜港に面した約700メートルに渡る臨海公園で、横浜ベイブリッジや行き交う船を望み、市のシンボルとして愛されている。

港に係留保存された日本郵船氷川丸の前に広がる「未来のバラ園」は、開園当時にシアトルから寄贈されたバラを植栽されたのが原点で、現在もその株を引き継ぎながら、約160種・約1900株のバラとさまざまな草花が見事なコラボレーションを描く。

左右対称に作庭されたバラ園は、周囲の地面よりも低く造成された沈床花壇と呼ばれるスタイルで、バラの香りが滞留しやすく、高い視点から見下ろすように眺められるのが特徴。その逆に、横浜ベイブリッジやみなとみらいのビル群などを背景にした園内からの景観もまたすばらしい。桃花、青花、赤花、黄花の庭と花色ごとに4つのエリアで構成され、アーチ状にバラが咲くローズゲートや、タワーのようにあしらわれたローズポールなど立体感のある演出も見どころだ。

横浜市民に愛されるベイエリアの象徴

❶園内には童謡で馴染みの深い「赤い靴はいてた女の子像」も ❷バラ園の見頃は、5月中旬から6月上旬と10月中旬から11月上旬にかけて ❸バラにぐるりと囲まれる中央広場

POINT 高い位置で咲くスタンダードに仕立てたバラの列植が美しく、バラ園のシンボルとなっている。大型のオベリスクに咲くバラや足元を彩る草花と宿根草のコンビネーションも見事。氷川丸越しに横花を象徴する景色に。

❹3月下旬から4月上旬にかけては、ソメイヨシノやシダレサクラなど咲き、春の訪れを告げる

㊋ 入園自由
㊡ 無休
㊕ 入園無料

〒231-0023 神奈川県横浜市中区山下町279
045-671-3648(横浜市都心部公園担当)/みなとみらい元町・中華街駅→徒歩3分

no.19

伊奈町制施行記念公園

伊奈町

〝バラのまち〟が誇る、憩いの花園

埼玉県の中南部に位置する〝バラのまち〟伊奈町の町制施行を記念し、1973(昭和48)年に開園。園内のバラ園は1987(昭和62)年から整備され、今では400種・5000株のバラを有する県内最大となった。

約1・4ヘクタールのバラ園では、春から秋まで次々に咲く四季咲きが中心で、春の開花シーズンが終盤を迎えると、6月中旬から晩夏にかけては咲き殻の摘み取りや剪定作業を行い、秋にきれいな花が咲くよう調整しているそう。手入れの一部は、伊奈町主催のバラ栽培講習会の修了生で組織されるボランティアグループ「伊奈町バラマスターズ」が参加するなど、官民一体となった体制も、バラの町ならではの取り組みだ。

バラ園内は、ばら制定都市会議加盟自治体のバラが植栽された「第1バラ園」、皇族ゆかりのバラが咲くプリンセスロードが見どころの「第2バラ園」、伊奈町バラマスターズが管理しているバラも観賞できる「第3バラ園」、3つのエリアからなり、それぞれにバラの美しさを際立たせる個性が光る。

園内には東屋やベンチが置かれ、バラに囲まれながらピクニックを楽しめる

バラの見頃は5月上旬から6月上旬、10月下旬から11月中旬にかけて

❶伊奈町オリジナルの品種を観賞できるのも魅力。写真は開花につれて花形がアンティーク調へと変わっていく深紅の大輪花・イナローズ ❷秋まで咲き続ける可愛いピンクのつるバラ・イナ姫 ❸町制施行50年を記念して作られた淡い黄色の伊奈の月 ❹公園内にはバラ園以外にも散策路やテニスコート、野球場などのスポーツ施設(有料)もある

POINT 県内最大のバラ園。5000株のバラが満開に咲き誇る眺めは圧巻。新品種も年々増え、ネームプレートも設置されており写真を撮るのにもよい。サッカークラブ浦和レッズのシンボルローズ「浦和レッドダイヤモンズ」やオリジナルローズ「伊奈の月」などにも注目。

㊋ バラ園は9:00～18:00(公園は入園自由)
㊡ 無休
㊕ 入園自由
※春のバラ園は有料期間あり。
一般(19歳以上)1日券500円

〒362-0801 埼玉県北足立郡伊奈町小針内宿732-1
048-721-2111(伊奈町都市計画課公園緑地係)／ニューシャトル内宿駅→徒歩10分

no.20

京成バラ園

八千代市

関東最大級のバラのテーマパーク。1600品種ものバラが植栽されている。

1959(昭和34)年、「世界に誇れるバラを作出し、日本にバラの文化を広めたい」との思いから設立された「京成バラ園芸」が運営する日本有数のバラ園。3万平方メートルの園内には、バラ苗を販売するガーデンセンター、バラをコンセプトとしたギフトショップ、レストラン、カフェもあり、バラにちなんだイベントが定期的に開催されるなど、まさにバラのテーマパークだ。

ローズガーデンでは、京成バラ園芸のオリジナルブランドはもちろん、原種やオールドローズから最新品種まで、約1600品種・1万株のバラが植栽され、噴水やアーチ、パーゴラ、ポールなどを巧みに取り入れた演出も見どころの一つ。

なかでも、開園当初からバラ園を見守ってきたフランソワ・ジュランビルの大アーチは、樹齢60年以上ながら、春にはピンクの花々がアーチ全体を覆い、絢爛華麗な姿に目が奪われる。他にも、園長の村上敏氏が手掛けた「アルテミスの花園」や、桂由美氏のプロデュースによる「愛のガゼボ」など、バラの魅力に浸れるスポットが満載だ。

1600品種を誇るバラのテーマパーク

❶春にはバラのアーチが続く華やかな空間で、至福の時間を楽しめる ❷春や秋には期間限定でフローティングフラワーが登場 ❸バラ園のシンボル「愛のガゼボ」は、撮影スポットとして人気が高い

POINT 日本最大のバラナーセリーが誇るバラ園。格式ある庭園の魅力はもちろんバラの株の立派さ、花数の多さと美しさに驚かさせる。フランスのメイアン社をはじめ、世界各国からいち早く導入された新品種も見ることができる。

❹同社の創立時から花を咲かせ、バラ園のリニューアル時に移植されたという樹齢60年以上の大アーチ ❺池のほとりには約400品種のアジサイが植栽され、6月頃に見頃を迎える

㊕ 9:00～17:00(最終受付～16:30)
㊡ 4・5月、10・11月は無休
※その他の期間はホームページで確認を
㊔ 高校生以上500～1800円、小・中学生200～500円、未就学児無料
※開園時間、料金は、開花状況やイベント開催期間により変動

〒276-0046 千葉県八千代市大和田新田755
非公開／東葉高速鉄道八千代緑が丘駅→徒歩15分

 https://www.keiseirose.co.jp/garden/

no.21

佐倉草ぶえの丘バラ園

佐倉市

ヘリテージローズを継承する保存園

下総台地のほぼ中央、印旛沼のほとりに広がるバラ園。ＮＰＯバラ文化研究所がヘリテージローズの収集と保存を目的に開設した「ローズガーデン・アルバ」が前身で、同園の収集品種が増加し手狭になったため、２００５年、佐倉市との協働により「佐倉草ぶえの丘バラ園」として新たに再出発を切った。

バラ園では貴重なヘリテージローズを中心に約１２５０品種・２５００株のバラが植栽されている。ヘリテージとは、直訳すると「代々継承していくべきもの」という意味で、バラ界では野生バラやオールドローズのことを指すという。同園ではバラの博物館の機能を備えた植栽を目指し、歴史コーナーなど15のテーマに基づき観賞エリアを設置。野生バラ、オールドローズの歴史や特色が一目でわかるように工夫が凝らされている。

これらの保存活動は世界的にも高く評価され、２０１４年、アメリカの「グレート ローザリアンズ オブ ザ ワールド プログラム」から殿堂入りバラ園の称号を授与、翌年に世界バラ会連合の世界大会で優秀庭園賞を受賞。アジアで唯一のダブル受賞に輝いた。

バラの研究家、ヘルガ・ブリシェ氏より寄贈された貴重なコレクション

バラの改良の歴史や変遷をわかりやすく植栽された「歴史コーナー」

❶アジア各地に分布するバラを収集した「アジアの原種コーナー」❷オールドローズ園へ続くエントランス ❸インフォメーションは春と秋の開花シーズンのみ営業。園内にはバラの苗を販売するショップもある ❹年間延べ3400名ほどのボランティアがバラ園の運営を支えている

POINT 世界各国から集めた貴重なヘリテージローズを植栽。野生種やオールドローズのコレクションは国内随一の品種数を誇る。自然風に咲くバラ、連続する小道、デザイン性の高いガゼボなど庭園としての価値も高い。

㊍ 9:00～17:00(最終入園～16:00)
㊡ 11月～3月中旬の月曜(祝日の場合は開園、翌日休)
㊕ 高校生以上410円、小・中学生100円、未就学児無料

〒285-0003 千葉県佐倉市飯野820
043-486-9356／京成佐倉駅→バス10分、下車徒歩5分

写真提供：NPOバラ文化研究所 稲岡一乃

no.22

PIET OUDOLF《ピートアウドルフ》 GARDEN TOKYO

稲城市

心を癒すナチュラリスティック庭園

よみうりランドに隣接するエンターテインメント型フラワーパーク「HANA・BIYORI」の開園2周年を記念し、2022年にオープン。世界で最も影響力のあるガーデンデザイナーの一人と言われるピート・アウドルフ氏が、アジアで初めてデザインを手掛けたナチュラリスティックガーデンとして、国内外から注目を集めている。

アウドルフ氏は、土地の風土に根ざす植物や宿根草を大切にした自然主義の植栽手法を世界に広めた第一人者。一般的なガーデンの多くは観賞のタイミングに最盛期があるものだが、自然と呼応したこのガーデンでは、季節の移ろいとともに変化する植物のコミュニティの中で、新たな感動と出合えるのが醍醐味だ。多彩な色や形の花、穂が集める光と風、チョウや小鳥の羽ばたき、そして冬枯れの美しさ……。花盛りのシーズンはもちろん、最盛期を過ぎた植物が落とす陰影やスケルトンの濃淡まで細心の注意が払われ、観る者の心を揺さぶる。アウドルフ氏が四季を通して紡ぐ独特な色彩や質感、豊かな芸術性を堪能したい。

アリウムがさりげなく咲く姿は、まるで春の野原のよう

植物の形や構造、四季の移ろいなど自然本来の美しさを五感で楽しめる

❶ HANA・BIYORIの園内では、6月中旬から7月上旬にかけてアジサイが見頃に ❷「HANA・BIYORI館」は 300鉢を超えるフラワーシャンデリアが圧巻 ❸「HANA・BIYORI館」で1日6回（季節によって異なる）開催される花とデジタルのアートショー ❹花と緑に囲まれた新感覚のカフェスペース

㊐ 10:00～21:00（最終受付～20:00）
㊡ 不定休
㊕ 中学生以上800円、小学生500円、未就学児無料
※上記はHANA・BIYORIの入園料。
PIET OUDOLF GARDEN TOKYOの入園料を含む

〒206-0812 東京都稲城市矢野口4015-1
044-966-8717／京王よみうりランド駅→無料シャトルバス3分、下車すぐ

POINT 草花の芽吹き、咲き誇る姿、枯れゆく造形までも自然のままに美しく見せる手法「ナチュラリスティック植栽」を取り入れた庭。最新の植物知識と卓越した技術で手入れをされた自然の芸術作品。

no.23

四季の香ローズガーデン

練馬区

香りがコンセプトの都会のバラ園

都営地下鉄大江戸線・光が丘駅の徒歩圏内に位置し、〝まちのお庭〟として親しまれている都会のオアシス。1万4000平方メートルの園内には、約340品種・580株のバラを主軸に、一年草、多年草、低木など成長サイクルの異なる植物をバランスよく組み合わせ、植栽されている。国内でも珍しく〝香り〟をテーマに掲げたバラ園で、「香りのローズガーデン」では、ダマスク、スパイシー、ミルラなど6種類の香りを持つバラがタイプ別に配置され、芳醇で甘い香りから、爽やかでフレッシュな香り、上品で優雅な香りまで、多彩なタイプとその違いが楽しめる。最も香りが強いのは、朝の気温が低い時間帯。よりバラの香りを楽しみたいなら、午前中の来園がおすすめだ。

また、2021年には規模を拡張しリニューアルオープン。バラを花色の系統で分別した「色彩のローズガーデン」、奥の深いハーブの世界を五感で楽しむ「香りのハーブガーデン」が新設され、観賞ポイントの幅がさらに広がった。ガーデンの名を冠したシンボルローズ「四季の香」も見逃せない。

3月から4月にかけて色とりどりのチューリップやムスカリなど球根類も開花する

バラの見頃は、春(5月中旬から下旬頃)と秋(10月下旬から11月中旬頃)

❶育種家・忽滑谷史記氏作出のシンボルローズ「四季の香」❷花色ごとに配置された「色彩のローズガーデン」。写真は変化に富んだピンク系のコーナー ❸カフェ（イベント期間限定）で人気のローズソフト ❹講習棟では、園芸に関する相談を受け付けるほか、講座やイベントなどの開催も

POINT 緑豊かな公園の一角に突如として現れた夢のバラ園。「香りのローズガーデン」は6種の香りを堪能できるようコンパクトに設計されており、時間を忘れ濃密な香りに浸れる。周囲の樹木を背景に宿根草との調和も素晴らしい。

㊋ 9:00～17:00
㊡ 火曜（祝日の場合は開園、翌平日休）
㊕ 入園無料

〒179-0072 東京都練馬区光が丘5-2-6
03-6904-2061／都営地下鉄光が丘駅→徒歩6分

 https://www.shikinokaori-rose-garden.com

no.24

赤城自然園

渋川市

人間と自然との共生を目指す自然園

標高600〜700メートルの赤城山西麓に位置し、四季折々の美しい自然と多様な生態系を五感で体験できる自然園。「豊かな森を、未来をこどもたちへ」という理念のもと、賛同する個人、企業、団体からのサポートを受け、クレディセゾンが運営する。

「人間と自然との共生」の実現を目指し、もともとマツやスギの雑木林だったという敷地で長い年月をかけて植生を入れ替え、植物がいきいきと育ち、昆虫や小動物が棲みやすい豊かな環境づくりに取り組んできた。

約60ヘクタールの園内は、ツツジの丘やシャクナゲ園が点在する「セゾンガーデン」、季節ごとのお花畑や山野草の女王と呼ばれるシラネアオイの群生が見られる「四季の森」、豊かな森の生態系に触れられる「自然生態園」の3エリアに分かれ、それぞれ特色の異なる植物・生物たちが息づく。園内にはバーク(木の皮)を敷き詰めた歩きやすい遊歩道が巡り、散策も快適だ。この森は癒し効果が科学的に実証された「森林セラピー基地」にも認定されており、心身ともにリフレッシュできそう。

新緑のグラデーションが美しい「自然生態園」のミズスマシの池

ツツジやシャクナゲが水辺をカラフルに彩る春の「セゾンガーデン」

❶色鮮やかなオミナエシが一面に咲き誇る初秋の「お花畑」。夏はキキョウやクガイソウが見頃に ❷秋の七草の一つ、フジバカマの香りに誘われて飛来するアサギマダラ ❸色とりどりのツツジがパレットのように咲く「散策の小径」 ❹カエデの見事な紅葉が見られる「アカマツ広場」

㊋ 9:00～16:00(最終入園～15:30)
㊡ 4･5月は無休、6～11月は火曜(祝日の場合は開園)、12～3月は火～金曜
㊕ 高校生以上1000円、中学生以下無料

〒379-1113 群馬県渋川市赤城町南赤城山892
0279-56-5211／JR渋川駅→シャトルバス20分、下車すぐ

POINT シャクナゲとツツジが咲き誇る「セゾンガーデン」は滝、小川、池といった日本庭園的要素に花をプラスした華やかなイングリッシュガーデン。満開の春は多種多様なシャクナゲ、アカヤシオやミツバツツジのピンクや赤色の花が樹林の中まで広がる。

no.25

中之条ガーデンズ

中之条町

庭園界を牽引する精鋭たちの個性が光る

２０１８年、群馬県中之条町の新たな観光拠点としてオープンした「中之条ガーデンズ」。開業にあたり、空間デザイナーの吉谷博光氏が庭園全体の設計・デザインを、日本初の女性樹木医・塚本こなみ氏が植栽の総合プロデュースを手掛け、バラ育種家の河合伸志氏、英国園芸研究家の吉谷桂子氏など、庭園界の精鋭たちが集結。12万平方メートルの敷地内には、7つの庭園があり、それぞれの個性とセンスが響き合う。

「横浜イングリッシュガーデン」のスーパーバイザーを務める河合氏が植栽デザインを手掛けた「ローズガーデン」は、湧き立つように咲き誇るバラと植物の調和が秀逸。吉谷桂子氏の「スパイラルガーデン」は、直径40メートルの渦巻き状の植栽が特徴で、高い目線から観賞できるレイズドベッドの花壇が採用され、花を間近に観賞できる。塚本氏の藤棚は開園時に植栽された4本の若木がすくすくと成長中だ。

園内には約1坪の町民花壇が１００区画もあり、中之条町の「花のまちづくり」の基盤となっているそう。

春バラの開花は5月下旬から。標高が高いため、花の色が一層冴えるそう

小エリアで区切られた「ローズガーデン」は、園路を進む度にわくわく感がかき立てられる

❶❷幾何学的にデザインされた庭に色とりどりのハーブや多年草が、絶妙なバランスで植栽された「ナチュラルガーデン」。野原のような自然の風合いに心が和む ❸ブルーのアゲラタムが咲き誇る7月の「スパイラルフィールド」 ❹鮮やかなピンク色に染まる4月上旬の「花桃の丘」

㊋ 9:00～17:00(12～2月は～16:00)
※最終入園は各30分前

㊡ 木曜(祝日の場合は開園、翌日休)、
祝日の翌日(土・日曜の場合は開園)

㊕ 高校生以上300～1000円、小・中学生150～500円、
未就学児無料
※入園料は時期によって変動あり。12～2月は入園無料

〒377-0433 群馬県吾妻郡中之条町折田2411
0279-75-7111／JR中之条駅→車10分

POINT 多種多様な宿根草やグラスが植栽された「ナチュラルガーデン」や「スパイラルガーデン」は植物の草姿、花の造形、紅葉から枯れゆく様子まで計算され色彩とバランスのすばらしさが際立っている。

「蒜山ハーブガーデンハービル」(P104)のカフェでは、ハーブを使ったランチメニューやハーブティーを優雅に

「CoppiceGARDEN」(P36)のカフェでは、自家製のスイーツが人気。写真は焦がしキャラメルのパンケーキ

column

ガーデンカフェの楽しみ

花を見たり香りに癒され、庭を散歩するのはとても気持ちがいいもの。そして散策の後にはお茶やスイーツを楽しみたいと思いませんか。素敵な庭園やガーデンには必ずといっていいほど素敵なカフェがあります。

入口にはセンスの良い寄せ植えが置かれていたり、室内は庭の花をあしらったフラワーアレンジやオブジェが飾られていたり。庭と室内が繋がるように窓が大きく開放的な雰囲気も、ガーデンカフェならでは。地域の食材や季節の果物、特産物などを使ったケーキや焼き菓子など、オリジナルスイーツと共にコーヒーや紅茶を楽しみましょう。

窓越しに見える庭の風景は、窓枠で切り取られた絵になる世界。散策で見つけた花の名前を調べたり、楽しく会話して贅沢な一日を。季節の風が気持ちよいテラス席もおすすめです。

木陰にソファが並ぶ「上野ファーム」(P16)のガーデンリビング。カフェメニューをピクニック気分で楽しめる

上／旬の花々に囲まれた「ラ・カスタ ナチュラル ヒーリング ガーデン」(P68)のカフェ。壁に絡まるバラも美しい
下／標高約400メートルに位置する「神戸布引ハーブ園」(P100)のテラス席は、大パノラマを一望できる特等席

column2

庭園でのマナー等

庭園の多くは自由に散策できますが、順路に沿って歩くことをおすすめします。庭にはデザイナーの意図が盛り込まれており、見えてくるものひとつひとつに意味があるからです。進むたびに意外な場面展開や発見があるかもしれません。

庭園では、人止柵や養生中とある芝生や植栽、花壇の中には足を踏み入れないようにし、植物がダメージを受けないよう注意しましょう。また、庭園では樹木や花をむやみに切ったり持ち帰ることはできません。種も貴重な庭園の財産です。枝なども庭のオブジェとして活用したり、風景の一部にしていることもあるので採取は禁止です。ベンチやあずまやでの飲食はOKという場合もゴミは持ち帰りましょう。

また、庭師やガーデナーが手入れをしているときは、周囲に気づかないこともありますのでそっと声をかけて通りましょう。きっと素敵な笑顔で迎えてくれるに違いありません。

Yoko Oshima

甲信越・北陸エリア

KOSHINETSU・HOKURIKU

no.26

軽井沢千住博美術館

軽井沢町

曲線のガラス窓から自然光が射し込み、周囲の自然と一体になる

東京、京都、ニューヨークを拠点として精力的に制作活動を続け、ヴェネツィアビエンナーレ絵画部門で東洋人として初めて名誉賞を受賞した日本画家・千住博氏の美術館。設計は妹島和世氏とのユニットSANAAにて建築界のノーベル賞と称されるプリツカー賞を受賞した西沢立衛氏によるもので、自然の地形を生かした建物は、緩やかに傾斜するランドスケープのようなワンルーム。大小4か所の総ガラス張りの吹抜けスペースには、カラーリーフの樹々や草花が配され、軽井沢の自然と千住作品が見事に融合する。

美術館の周囲には、150種類以上・6万株のカラーリーフプランツが植栽され、ピンク、イエロー、パープルなど、多彩な色をまとった樹々や草花が季節ごとに豊かな表情を見せてくれる。ガーデンの見頃は、生き生きと葉を茂らせる5月中旬から10月上旬にかけて。葉の色や花の種類は、春から初夏、夏から初秋へと移り変わり、何度訪れても新たな発見がある。

アート×自然×建築が調和した創造的な空間で、感性の躍動を感じたい。

アートと融合するカラーリーフ庭園

❶自然の地形に寄り添ったランドスケープデザイン ❷さまざまな葉色が優しく調和する ❸白い斑入りのカリガネソウ スノーフェアリー（左）と淡紫色のホスタの花（右）

POINT こんなにも植物の葉色にバラエティがあるものか！と感動したカラーリーフガーデン。花の期間は短くても、葉の大小や形、葉色の個性が面白く季節変われば庭の雰囲気もがらりと変わる。訪れる度に発見のある庭。

❹羽毛状のワインピンク色の花が、まるで煙のように見える「スモークツリー グレース」❺千住博氏の初期作品から最新作までの貴重なコレクション約50点が展示されている

(時) 9:30～17:00（最終入館～16:30）
(休) 火曜（祝日の場合は開館）
※12月26日～2月28日は冬季休業
(料) 一般1500円、高校・大学生1000円、中学生以下無料

〒389-0111 長野県北佐久郡軽井沢町長倉815
0267-46-6565／JR軽井沢駅→車10分

 https://www.senju-museum.jp

撮影：阿野太一 ©軽井沢千住博美術館

no.27

ラ・カスタ ナチュラル ヒーリング ガーデン

大町市

シダ類や山林に自生する植物たちが陽の光を受け表情を変える白樺林

「植物の生命力と癒し」をコンセプトに、北アルプス山麓で誕生したナチュラル化粧品ブランド「ラ・カスタ」。2006年、原点である大町市にブランドのすべてを体感できる場所として誕生したのが、この「ラ・カスタ ナチュラル ヒーリング ガーデン」だ。敷地内は生命力にあふれる植物が四季を彩る「ラ・カスタ ガーデン」、「ファクトリー（研究開発施設）」、旗艦店の「ラ・カスタ 北アルプス本店」から構成される。

「ラ・カスタ ガーデン」には、北アルプスの清冽な雪解け水が巡り、製品にも配合されているエキセアナはじめ、ローズゼラニウム、ローズマリーなどハーブや季節ごとの草花が生き生きと息づく。植栽されている植物のほとんどは、自社農場で生産されたもの。ガーデナーたちが描く植栽デザインに基づき、計画的に苗の生産が進められているという。園内は10のエリアで構成され、その中の一つ「アロマガーデン」では香りの原料となるアロマやハーブの植物に実際にふれることも。ブランドコンセプトの通り、「植物の生命力と癒し」を体感できる。

植物の生命力と癒しを五感で体感する

❶生命力に満ちた芽吹きの季節は、チューリップなどの球根植物が見頃に ❷柔らかな色合いの草花が風に揺れる初夏のメドウガーデン ❸化粧品のベースとなる北アルプスの雪解け水

POINT 一歩入れば別世界。樹々が生き生きと茂り、美しい水の流れやすがすがしい滝と池。季節を彩る花々がバランスよく植栽されガーデナーの力量を感じさせる。名前のとおりヒーリングに満ちた癒しの庭。

❹紫色のサルビア・レウカンサが咲く秋の「シーズンガーデン」。かわいらしいカフェもある ❺ファクトリーのアロマバーでは調香体験が楽しめる（予約制）。料金等、詳細はホームページで確認を

㊡ 10:00～17:00（10・11月は～16:00）
※最終入園各１時間前

㊡ 水曜（祝日の場合は営業、翌日休）
※11月上旬～4月中旬は冬季休業

㊕ 高校生以上1100円、小・中学生550円、未就学児無料
※ガーデンは予約制。申し込みはホームページの予約フォームにて

〒398-0004 長野県大町市常盤9729-2
0261-23-3911／JR安曇沓掛駅→徒歩7分

https://www.lacasta-garden.com

no.28

軽井沢レイクガーデン

軽井沢町

春バラの開花は6月中旬から7月中旬にかけて。8月上旬は二番花も登場

南軽井沢の湖畔に位置する「軽井沢レイクガーデン」は、湖を中心に個性豊かな8つのエリアで構成されたナチュラルガーデン。約1万坪の園内では、約400品種のバラや約300種類の宿根草が、季節の見どころを描き出す。

園内の主役はバラ。エントランスに足を踏み入れると、四季折々の草花に飾られた噴水が現れ、まるで絵本の中に迷い込んだような別世界に包まれる。緑が生い茂るアーチの先に160品種のバラが咲き誇る「イングリッシュローズガーデン」をはじめ、優雅な香りに癒される「フレグランスローズパス」、クレマチスとバラのパーゴラが美しい「フレンチローズガーデン」などを巡り、バラの奥深い魅力に触れられる。

また、滝の音が心地いい宿根草と樹木のエリア「ウッドランド」では、晴れた日に丘の上へ上がると、雄大な浅間山を一望できるのでぜひ。バラ以外にも、春はチューリップやムスカリ、夏はスイレンなど水辺の花々、秋はアスターやシュウメイギクなどが咲き継ぎ、湖畔の自然と草木が織り成す変化に富んだ景観と出合えるのも魅力だ。

心癒される湖畔のナチュラルガーデン

❶石造りのメガネ橋を背景にバラが咲く光景が絵になる ❷夏の風物詩として人気のカサブランカ・スターガザール ❸夏はスイレンのほか、ユリやレンゲショウマも見頃に

POINT 湖と中島を橋で渡して回遊するという珍しいタイプのローズガーデン。水辺を背景に個性豊かで可憐な「フレンチローズ」や、優雅に咲き香りの良い「イングリッシュローズ」と宿根草や山野草のコラボレーションが見事。

❹新緑に包まれる季節は、圧倒的なグリーンのグラデーションが目を楽しませてくれる ❺バラや宿根草などの苗や鉢が豊富にそろうガーデンショップもある

㊋ 9:00～17:00(最終入園～16:30)
㊡ 開園期間中は無休　※11月上旬～4月中旬は冬季休業
㊕ 高校生以上1500円、中学生以上800円、3歳以下無料
※6月中旬～7月上旬のバラの開花シーズンは、
高校生以上2000円、中学生以下1000円

〒389-0113 長野県北佐久郡軽井沢町レイクニュータウン
0267-48-1608／碓氷軽井沢IC→車15分

 https://www.karuizawa-lakegarden.jp

写真提供：軽井沢レイクガーデン

no.29

ガーデンソイル

須坂市

すっくと伸びた長い茎に穂状のかわいい花をつける春の花・ホリホック

庭好きが憧れるコテージガーデン

長野県須坂市、ブドウやリンゴの畑に囲まれた豊かな里山にひっそりとたたずむ「ガーデンソイル」。もともと東京で建築の設計やインテリアデザインを手がけていた田口勇さんと片岡邦子さんが東京から移住し、四半世紀をかけてじっくり育ててきたナチュラルなコテージガーデンだ。フォーマルな英国庭園とは一線を画す、植物のありのままの魅力を引き出した自然な風合いが支持され、庭好きの〝聖地〟として全国各地からファンが訪れる。

移住した当初は、憧れのイングリッシュガーデンを目指していたが、なかなか思い通りにならず悩んでいた時、夕日に輝くグラスや野花など、この地に自生する植物の素朴な美しさに魅せられ、植物が持つパワーを実感。以来、庭づくりも変化していったという。

芽吹きの春はカラフルに咲きそろう宿根草ボーダー、夏は野趣あふれるメドウガーデン、秋は風になびくグラスウォーク、冬は枯れ草に純白のかわいい雪帽子——。季節はもちろん、時間帯によっても庭の表情が変化し、植物のふとした美しさに心が揺さぶられる。

❶2023年に新設された初夏のバーンズガーデン ❷花期が長く花色のグラデーションが美しいエキセアナ・ロッキートップ ❸まるで踊っている様な花姿のエキナセア・フラダンサー

POINT 植物好きにはたまらないノスタルジックな雰囲気満点のガーデンとショップ。生態系に配慮した宿根草の植栽は自然と見事に調和しガーデナーのセンスの良さが光る。赤や黄色に色づく紅葉シーズンは宿根草のシードヘッド（花後のタネ）さえもアートのよう。

❹10月のバーンズガーデン。ミューレンベルギア・カピラリスの薄紅色の穂が秋風にふわりと揺れる ❺植物の苗やガーデングッズなどを販売するショップ。カフェも併設する

㊋ 10:00～17:00
㊡ 4～7月は無休、その他の期間は月曜
（祝日の場合は営業、翌日休）
㊕ 入園無料

〒382-0037 長野県須坂市野辺581-1
026-215-2080／須坂長野東IC→車5分

 Instagram(@garden_soil__)

no.30

白馬コルチナ・イングリッシュガーデン

小谷村

白馬の自然に寄り添うナチュラルガーデン

2013(平成25)年、豊かな自然林に抱かれた「白馬コルチナリゾート」内にオープンした本格的なイングリッシュガーデン。起伏に富んだ敷地には、約900品種・1万8000株もの花や植物が植栽され、春から秋にかけてドラマチックな景観が展開される。

スイスの山小屋を思わせるメルヘンチックなホテルの前に広がる園内は、約100品種・500株のバラが咲き誇る「ローズガーデン」や、壁面にエスパリエ仕立てをあしらった「ウォールドガーデン」、石垣とさまざまな背丈の宿根草を組み合わせた「ボーダーガーデン」など、それぞれ特色のある15のエリアから構成されている。

デザイン設計から植物の選定・植栽までを手掛けているのは、イギリス出身のガーデンデザイナーでガーデナーのマーク・チャップマン氏。この地の地形と自生する天然林を生かし、それらと花や植物が調和するガーデンを目指し、時には散ってしまった花がらをあえて残し、やがて実が結ぶのを待つことも。自然のサイクルに寄り添った植栽・管理を心掛けているという。

夕暮れ前のマジックアワーは、昼とはまた違った幻想的な雰囲気に

❶あちこちに点在するガゼボや石のオーナメントも大事なアクセント。石垣には地元の天然石が使われている ❷夏の「ウォールドガーデン」。レンガの壁には遊び心があふれる丸い通り窓も ❸原種のバラは5月下旬が見頃で、一季咲きの春バラは5月下旬から6月下旬まで楽しめる

北アルプスの山並みを背景に広がるガーデン。7月頃に最盛期を迎える

POINT エントランス近くのエリアは石積みやウォールで空間を区切り、植物の組み合わせによる「重ねの美」を発見できる。遠方の「ガゼボ」、点在する石のオーナメントは植物と馴染み庭の一部となっている。初夏の宿根草ボーダーガーデンはエネルギッシュで見ごたえがある。

㊋ 9:00～16:00
※7/26～8/31は9:00～17:00
㊡ 火・木曜(7月19日～8月31日は無休)
※10月上旬～5月下旬は冬季休業
㊙ 一律500円、未就学児・宿泊者は無料

〒399-9422 長野県北安曇郡小谷村千国乙12860-1
0570-097-489／JR南小谷駅→無料送迎バス20分→徒歩すぐ
無料送迎バスはホテルグリーンプラザ白馬のホームページにて予約

no.31

国営越後丘陵公園 ながおか香りのばら園

長岡市

原種から世界的な人気品種まで勢ぞろい

約400ヘクタールの広大な丘陵地に、花畑や自然散策路、遊具やバーベキュー広場など多彩なレクリエーション施設がそろう「国営越後丘陵公園」。その園内にバラ園がオープンしたのは2003年のこと。長岡市内の愛好家が無償で一般公開していたバラ園が閉鎖してしまい、存続を望む声が高まったことから、長岡市の仲介で同園に白羽の矢が立ち、900株ものバラの寄贈を受け、このバラ園が誕生したという。

長年慈しまれたルーツのバラを大切に継承しつつ、現在は約800品種・2400株を植栽。園内はモダンローズを中心に植栽された「香りのエリア」や「色彩のエリア」、古代バラの品種を系統的に分類した「原種・オールドローズのエリア」、雪国の環境によくなじむ宿根草と古典的なスタイルのモダンローズが調和する「ばらと草花のエリア」など、バラエティ豊かな8つエリアで構成され、さまざまな視点からバラの奥深い世界に触れられる。

バラ園の周辺には、壮大なスケールの花畑やアジサイ園もあるので、散策しながら優雅に花巡りを楽しみたい。

18品種・約1万8000株のアジサイ園。梅雨入りの時期に開花する

❶バラ園の入口にあるランブラーローズなどからなるガーランド ❷秋は3000平方メートルの「花の丘」にコスモスが咲き誇る ❸例年4月下旬には色鮮やかなチューリップが満開に ❹バラ園内のカフェでは赤ばらのソフトクリームが人気

バラの最盛期は5月下旬から6月中旬と10月上旬から下旬にかけて

POINT 園内随所で見ることができるダイナミックな仕立てのつるバラが素晴らしい。連続した大型のアーチ、ガーランド（花綱）は繊細なバラが多数咲くフォトスポット。列植されたポプラの巨木を這い登り咲くつるバラはここにしかない特別な風景。

㊊ 9:30～17:00（11～3月は～16:30）
㊡ 4～12月は不定休、1～3月は月曜日（祝日の場合は開園、翌日休）
㊕ 高校生以上450円、65歳以上210円、中学生以下無料　※12～3月は入園無料

〒940-2043 新潟県長岡市宮本東方町三ツ又1950-1
0258-47-8001／JR長岡駅→バス40分、下車すぐ

 https://echjigo-park.jp/fragrant_roses/

no.32

ナチュラルガーデンズMOEGI（萌木の村）

北杜市

八ヶ岳の自然環境に適した植栽がナチュラルな風合いを生み出す

人にも生態系にも優しい循環型庭園

八ヶ岳南麓、清里高原に広がる約3万2000平方メートルの敷地内に、カフェやレストラン、ホテル、工房、クラフトショップなどが集まる複合コミュニティ「萌木の村」。その敷地全体を、2012年から10年余りの歳月をかけて大改造し誕生したのが、この「ナチュラルガーデンズMOEGI」だ。

設計を手掛けたのは、ランドスケープデザイナーで園芸家のポール・スミザー氏。八ヶ岳の在来種を含む環境に適した植栽をベースに、人にも生態系にも優しい循環型のガーデンを目指し、多様な生き物が健やかに共生する庭づくりを実践している。完全無農薬、無化学肥料で造られたガーデンとしては、日本でも類を見ないほど広大なスケール。風土や歴史を大切に、自然の理に適ったナチュラルガーデンの必要性を提示する、その革新的な手法は国内外からも注目を浴びている。

八ヶ岳の野草が植栽された「メドウガーデン」、落葉樹に囲まれた「ウッドランドガーデン」など個性豊かな9つの庭をじっくり歩けば、きっと〝自然の声〟が聞こえてくるはず。

❶植物たちは落ち葉を堆肥に微生物の力を借りながら自然の循環によって維持されている ❷植物は700種類以上に及ぶ ❸八ヶ岳の原風景をイメージした「ワイルドフラワーズ」

POINT 八ヶ岳の自然の美しさ、多様な生物の生態系に配慮した庭は周囲の景色に馴染むよう石積みや園路も曲線を用いた穏やかな雰囲気のデザイン。無農薬や地域の野草植栽へのこだわりは、歩くだけで学びの多い庭となっている。

❹ガーデン内には、八ヶ岳の恵みを味わえるカフェやレストラン、ブルワリーなどがあちこちに点在 ❺メドウガーデンの目の前にたたずむ「ホテル ハット・ウォールデン」

㊡ 10:00～18:00
㊡ 無休（萌木の村に準ずる）
㊕ 入園無料
※ガーデンガイドは有料（予約制）

〒407-0301 山梨県北杜市高根町清里3545 萌木の村内
080-7244-0399（インフォメーション庭tekuteku）
／JR清里駅→徒歩10分

no.33

富山県中央植物園

富山市

国内外の多種多様な植物を収集展示

富山県植物公園連絡協議会の中核施設として開設された日本海側初の総合植物園。約25万平方メートルの園内に、国内外の野生植物約６６００種類を収集・展示する一方、植物多様性の保全と植物資源の利用についての調査研究や普及活動なども担っている。

屋外展示園は「花のプロムナード」を境に、世界各地の珍しい植物や人間の暮らしと深い関わりを持つ植物などが集まる「世界の植物ゾーン」と、日本の代表的な植生を再現し、その環境に生育する植物を展示する「日本の植物ゾーン」から構成されており、富山県固有の絶滅危惧種の宿根草・エッチュウミセバヤが観察できる。また、「世界の植物ゾーン」の展示温室には、熱帯・高山地帯の植物が展示され、とりわけ「雲南温室」では、日本国内では珍しい中国・雲南省原産の多種多様なトウツバキが見られるのも魅力だ。

同園は英国最古の植物園「オックスフォード大学植物園」と友好提携を結んでおり、２０２１年には、交流を記念し、英国式ボーダーガーデンを有する「オックスフォード庭園」が新設された。

早春は冠雪の立山連峰と色とりどりのウメのコラボレーションが秀逸

春から秋にかけて宿根草が見頃を迎える「オックスフォード庭園」内のボーダーガーデン

❶世界最大の葉を持つ水草・パラグアイオニバスがダイナミックに浮かぶ夏の北池 ❷4月中旬、ソメイヨシノが華麗なトンネルを描く「花のプロムナード」 ❸爽快な森林浴が楽しめる夏の木陰並木 ❹紅葉シーズンは10月中旬から11月下旬にかけて。写真はメタセコイヤの黄葉

㊐ 9:00～17:00（11～1月は～16:30）
※最終入園は各30分前

㊡ 木曜（祝日の場合は開園）
※4月の第1･2木曜、ゴールデンウィーク、お盆期間は営業

㊕ 一般500円（12～2月は300円）、
高校生以下、70歳以上は無料
※2025年3月1日から一般630円
（12～2月は420円）に改定

〒939-2713 富山県富山市婦中町上轡田42
076-466-4187／富山IC→車15分

POINT 広大な敷地に世界各地の植物が植栽されている。園全体が大きな庭園のように造られており、繊維や染め、薬などに用いられる有用植物も多く展示。オックスフォード大学植物園・樹木園との交流も深く、富山に合う植物で構成された本格的ボーダーガーデンも素晴らしい。

 https://www.bgtym.org

no.34

みつけイングリッシュガーデン

見附市

750株のバラに彩られた市民交流の拠点

新潟県見附市が地域の景観環境づくりを目指し、市民の交流拠点として、２００９年に開園した本格的な英国式庭園。水やりや除草、剪定などの手入れは市民ボランティア団体が担っている。デザイン監修を手掛けたのは、英国園芸研究家として活躍するケイ山田氏。英国式の植栽はもちろん、ガゼボなどのガーデン資材も英国製が使用され、本場の雰囲気が巧みに再現されている。２０２４年には英国の権威ある園芸コンテスト「ブリテンインブルーム」において、英国外では初の「ゴールドコミュニティ賞」を受賞した。

英国の伝統品種であるオールドローズをはじめ、約１５０品種・７５０株を植栽。宿根草や一年草、球根類などを組み合わせた「ボーダーガーデン」や、華やかなカラーコーディネートが楽しめる「ウェディングガーデン」など個性豊かなエリアを展開する。園内3か所に配置されたパーゴラ、アーチには、赤系、ピンク系、白系のつるバラをそれぞれあしらい、壮麗な姿が感動的。毎年、一年草で模様替えし、異なる雰囲気を演出しているそう。

池のほとりにはガゼボがあり、庭園を眺めながらゆったりとくつろげる

赤系統でコーディネートされたバラのトンネル。下草はキャットミント

❶「芝生の周囲に列植された純白のアナベル。開花は6月下旬から7月中旬にかけて ❷赤と白のつるバラに覆われた春のバンドハウス ❸夏はカラフルなバルーンや傘、サンキャッチャーなどが飾られるサマーディスプレイ ❹華やかさをコンセプトにした「ウェディングガーデン」

(時) 8:40～日没
(休) 開園期間中は入園自由
※12～3月は冬季休業
(料) 入園無料
※18歳以上の入園者は草花の管理協力金として
1名200円～500円程度の寄付を希望

〒954-0076 新潟県見附市新幸町35
0258-66-8832／JR見附駅→バス10分、下車徒歩5分

POINT 連続したパーゴラやアーチのつるバラ、芝生広場に沿った白いアジサイ・アナベルが見事。小道は緩やかにカーブしてこの先の風景を想像させる伸びやかなガーデンデザイン。庭に配置されたベンチやガゼボも絵になる。

 https://www.city.mitsuke.niigata.jp/site/english-garden

column3

散策スタイルのルール

　庭園散策のスタイル（服装）にはいくつかのルールがあります。戸外であること、植物に囲まれていることから少しだけ気を付けましょう。

ルール1　ヒールは避けて

庭園は足元が悪いことも多くヒールでは歩きにくい場合も。また芝を傷めるため好まれません。歩きやすい靴を履きましょう。

ルール2　紫外線対策

薄手の長袖やつばの広い帽子、ストールがおすすめです。日焼け止めは必須アイテムです。日傘も良いですがアーチに引っかかることもあるので注意が必要です。

ルール3　長袖がベスト

日差しや風が強かったり、水辺はひんやりとして温度変化が激しいことも。脱ぎ着しやすい上着を持参すると便利です。

ルール4　虫刺され

花の咲くところ、植物が良く育つところには多くの虫や鳥なども生活しています。まれに虫に刺されたり、植物にかぶれることもあるので肌の弱い方は注意しましょう。虫よけも有効です。

Yoko Oshima

中部・近畿エリア

CHUBU・KINKI

no.35

ぎふワールド・ローズガーデン

可児市

6000品種ものバラが咲き誇る大庭園

約80・7ヘクタールの広大な敷地に、原種・オールドローズから、人気のイングリッシュローズやフレンチローズ、国内外の最新品種まで、約６０００品種・2万株のバラが植栽された一大ローズガーデン。品種数は国内随一を誇り、世界的にもここまで多くの品種を観賞できるケースは実に希少だ。

ローズガーデンは、３２３メートルに渡って続くバラのトンネルが圧巻の「ローズテラスとバラ回廊」をはじめ、バラの天蓋や円状トレリスを中心に白いバラと草花をアレンジした「ホワイトローズガーデン」、バラが階段状に植栽され、立体的な空間を演出した「テラスガーデン」など、テーマごとに14のエリアから構成される。なかでも、「ウェルカムガーデン」は、ローズペイサージュ（＝景観をつくるのに適したバラ）のガーデンとしては世界最大規模で、17品種・約５５００株のバラが咲き誇る絢爛華麗な景観に思わずうっとり。

「ウェルカムガーデン」を見渡せるレストランには、オープンテラスもあり、絶景を眺めながら、ゆったりとランチやティータイムが楽しめる。

水路の両側にスタンダード仕立てバラをあしらった「水のコリドール」

5月中旬から6月初旬にかけては、園内のすべてのバラを鑑賞できる

❶色鮮やかな黄色の小花を房咲きにする「キモッコウバラ」は4月下旬が見頃 ❷「東の大花壇」では3月下旬から4月上旬にかけてネモフィラとサクラの競演が見られる ❸洋ギクのマムが一面に咲く秋の「北の大花壇」 ❹広い園内をのんびりと走るロードトレイン「ポッポ」

(時) 9:00～17:00（11月上旬～3月中旬は～16:30）
※最終入園は各30分前
(休) 火曜日（祝日の場合開園、翌平日休）
(料) 一般・大学生700～1050円、高校生以下無料
※料金は開花状況やイベント開催期間により変動。
1月は入園無料

〒509-0213　岐阜県可児市瀬田1584-1
0574-63-7373／可児御嵩IC→車5分

POINT 世界に誇る広大なバラ園。品種数や植栽数もさることながら、ローメンテナンスでも咲くバラ「ローズペイサージュ」をいち早く導入し、バラの景観づくりに新たな風をもたらしている。花の絨毯のように鮮やかに広がるバラの風景は圧巻。

no.36

ガーデンミュージアム比叡

京都市

名画の世界へ誘う天空の庭園美術館

標高840メートルの比叡山頂に位置し、眼下にびわ湖や京都の街を望む「ガーデンミュージアム比叡」は、モネやゴッホ、ルノワール、セザンヌなどフランス印象派画家の名画をモチーフにしたユニークな趣向の庭園美術館。

園内は、南フランス・プロヴァンス地方の陽光と柔らかな土色をイメージした「香りの庭」や、4月下旬から6月にかけてシャクナゲが咲きそろう花の回廊「こもれびの庭」、バラを絡ませた6つの大アーチと両サイドに広がるボーダー花壇が美しい「花の庭」など、名画をイメージした7つのガーデンからなり、春から秋まで約1500品種・10万株の草花が途切れることなく色鮮やかに咲き継ぐ。なかでもモネのファンに人気なのが「睡蓮の庭」。スイレンの咲く池や藤の絡まる太鼓橋、シダレヤナギ、アヤメなどモネが愛したモチーフをふんだんに取り入れ、彼が思い描いた日本風の庭園を再現している。

それぞれの庭には、フランス印象派画家たちの陶板名画が屋外展示され、美しい色彩に満ちたアートと庭園を同時に楽しめるのも斬新で面白い。

4月下旬から5月下旬はブルーのネモフィラが「藤の丘」を覆い尽くす

山頂は気温が低いため、6月下旬から10月ごろまで継続してバラが楽しめる

❶黄色やピンクなど春色の花々がカラフルに咲きそろう「香りの庭」❷モネの代表作をモチーフにした初夏の「睡蓮の庭」❸秋の「藤の丘」に咲くレモン色のコスモス イエローキャンパス ❹散策の後は「カフェ・ド・パリ」へ。テラス席からは琵琶湖の爽快なパノラマを一望できる

POINT 庭園は傾斜地に点在し、緩やかなカーブを描く小道で繋がる。地形を上手く利用し、花と樹木が幾重にも重なるように植栽。遠近の構成により光と影が生まれ印象派の絵画のような美しさ。藤、シャクナゲ、バラ、スイレンは絵画からのインスピレーションによるもの。

(時) 10:00～17:30(11月1日～12月7日は～16:30)
※最終入園は各30分前

(休) 水曜(除外日あり)　※12月上旬～4月中旬は冬季休業

(料) 中学生以上1200円、小学生600円、未就学児無料
※上記は4月中旬～11月下旬の料金。
その他の期間は中学生以上600円、小学生300円

〒606-0000 京都府京都市左京区修学院尺羅ヶ谷四明ヶ嶽4(比叡山頂)

075-707-7733／叡山電鉄八瀬比叡山口駅→叡山ケーブル・ロープウェイ20分、下車徒歩3分

no.37

English Garden ローザンベリー多和田

米原市

長年思い続けた「夢の庭」をカタチに

琵琶湖の東岸、JR米原駅から車で15分ほど、緑豊かな山あいに広がる「ローザンベリー多和田」は、専業主婦だったオーナーの大澤恵理子氏が、「いつか自分の庭を造りたい」という長年温めてきた夢を実現。採石場跡の荒廃地で一から整備に取り組み、8年がかりで造り上げたイングリッシュガーデンだ。2011年の開園以降も日々進化を続け、今では庭好きの憧れの地として不動の人気を誇る。

1万6000平方メートルの庭園内は、「宿根草の庭」や「コニファースモールガーデン」など8つのガーデンからなり、それぞれの個性を表現しつつ、この地に自生する樹々や草花たちを生かしているのが特徴だ。四季を通しての開花リレーが楽しめるが、なかでも見逃せないのが冬から春にかけて。12月上旬からは4か月以上に渡って貴重な育種ビオラとパンジー約4000株が植栽され、5月上旬から6月は約400品種・1000株のバラと宿根草が織り成す華やかな風景に胸がときめく。オーナーが細部までこだわり抜いた〝夢の庭〟をじっくりと巡りたい。

四季折々の表情が楽しめる「宿根草の庭」。素朴でかわいらしい山野草も

色鮮やかなバラが咲き競いながらも優しい雰囲気を醸す「ローズガーデン」

❶ 12月から4月上旬まで、ビオラやパンジーが「ココロード」を中心に園内を彩る ❷グラスガーデンに続く小道 ❸バラのトンネルを駆け抜ける電車「ミルキーウェイ」 ❹ 2023年には、紅茶と焼き菓子の専門店「TEA PASTRIES」も誕生。正規代理店として英国・Farrer`sの紅茶を提供

Ⓗ **10:00～17:00(12～2月は～16:00)**
※最終入園は各30分前。時期によって変動あり
㊡ **火曜(祝日の場合は営業)、臨時休業あり**
㊕ **中学生以上1900円～、4歳以上1000円～、3歳以下無料**
※上記は昼の部の料金。時期によって変動あり

〒521-0081 滋賀県米原市多和田605-10
0749-54-2323／JR米原駅→車15分

POINT 貴重なものでは中国やインドなどのアジアに自生する野生種のバラを中心とした「アジアンローズ」。バラ研究者の上田善弘氏のコレクションローズが多数植わる。

no.38

河津《かわづ》バガテル公園

河津町

春バラの最盛期。キオスク(休憩所)から全景を眺めると圧巻だ

マリー・アントワネットもお気に入りだったというパリの「バガテル公園」を忠実に再現した世界で唯一の姉妹園。

約1100品種・6000株が植栽されたフランス式整形バラ園は、高低差のない3ヘクタールの敷地に、幾何学的な形の花壇を配し、左右対称の緻密なバランスが特徴。花壇を形作るツゲは、額縁に見立てたもので、絵を描くようにバラを咲かせるという、何とも芸術的な趣向だ。その中にスタンダード仕立てのバラと5本の低木のバラ、異なる品種をコラボレーションさせることで独特のリズムを生み出すという。

園内のバラは、低木、つるバラから、オベリスク、パーゴラを覆うものまで変化に富み、美しく刈り込まれたトピアリーとも見事に調和する。

春は5月中旬から6月上旬、秋は10月中旬から11月下旬が開花シーズン。モダンローズには、バガテル国際バラ新品種コンクールで受賞した品種も多く含まれ、愛好家からも高い評価を受けている。開園の記念花の「伊豆の踊子」や5周年記念花の「クイーンバガテル」などオリジナル品種も注目だ。

気品あふれるフランス式整形バラ園

❶空から見たローズガーデン、パリ市の緑地公園管理局の専門家の指導の下、緻密に作庭された ❷つるバラがこぼれ咲く春のパーゴラの回廊を歩くと、芳醇な香りに癒される ❸秋バラはゆっくりと開花するため、色が鮮やかで香りも強い

POINT 広大な敷地に緻密に設計された風格あるバラ園。人工的フォルムに刈り込まれた樹木、大きくそびえたつローズオベリスク、低く花壇を縁取るツゲ。シンメトリー（左右対称）に構成された空間は整然とした美が際立つ。

❹園内のカフェでは、香り豊かなバラジュースやバラのソフトクリームなどが味わえる

㊕ 9:00～18:00（7～9月、12月～4月下旬は～16:00） ※最終入園は各30分前（時期によって変動あり）
㊡ 4月28日～6月30日、10月1日～11月30日は無休、
その他の期間は水・木曜（祝日の場合は開園、翌週月曜休）
㊙ 高校生以上1200円、小・中学生400円、未就学児無料
※上記は4月28日～6月30日、10月1日～11月30日の料金。
その他の期間は高校生以上500円、小・中学生200円

〒413-0511 静岡県賀茂郡河津町峰1073
0558-34-2200／伊豆急河津駅→車5分

no.39

ACAO FOREST《アカオフォレスト》

熱海市

13の庭園が音楽のように響き合う

相模灘を見下ろす60万平方メートルの丘陵地に、個性豊かな13のテーマガーデンがレイアウトされたランドアートパーク。熱海ブルーに輝く海と空を借景に、約６００品種・４０００株のバラをはじめ、四季折々の花々、ハーブなど多彩な植物が色鮮やかな景観を織り成す。デザイン監修、植栽計画を手掛けたのは、国際的に活躍するランドスケープデザイナーの白砂伸夫氏だ。

ガーデンの主軸はバラ。イエロー系統のバラやカラーリーフを植栽した「オーロラガーデン」や、バラと相性のいい宿根草を組み合わせた「イングリッシュローズガーデン」など、自然の地形に沿って13の庭が流れるように連続し、それぞれが個性を誇示しながら、音楽のように響き合う。

テーマガーデンは斜面に点在しているので、入園口から無料のシャトルバスに乗り一番高所(曽我浅間神社下)まで行き、下りながら庭巡りを楽しむのが定番のルートだ。じっくり観賞を楽しむなら所要時間は2時間ほど。勾配のある道のりなので、歩きやすい靴で出かけることをおすすめしたい。

約100種類のハーブとカラーリーフが潮風に揺れる「ハーブガーデン」

立体的に植栽された、赤と黄色のバラが美しい「ウエディングガーデン」

❶鮮やかな黄色い花が両サイドに続くルドベキアの小道 ❷紺碧の海を背景に淡いピンクのミューレンベルギアが咲き誇る ❸海沿いの段差を生かした「オーシャンガーデン」は、フレームハウスなどのフォトスポットが人気 ❹隈研吾氏が設計を手掛けたカフェ「COEDA HOUSE」

(時) 9:00~17:00(最終入園～16:00)
(休) 無休
(料) 中学生以上2500円～(季節により変動)、小学生1000円、未就学児無料

〒413-0101 静岡県熱海市上多賀1027-8
0557-82-1221／JR熱海駅→無料シャトルバス15分、下車すぐ

POINT 庭園は斜面地にあり、開放的なバラの谷を眺めるように散策して下る。「エバーガーデン」では連続するバラのアーチに切り取られた絵画的風景が美しさを放ち、足元を彩るジキタリスやギボウシなども共演してまるで秘密の花園のよう。

no.40

浜名湖ガーデンパーク

浜松市

ブルーの絨毯を敷き詰めたように咲き誇るネモフィラの群生

2004年に開催された「浜名湖花博」の会場跡地に整備された緑豊かな県営の都市公園。浜名湖畔に広がる56ヘクタールの敷地内には、園内を東西に走る水路が巡り、四季折々の花と植物の観賞ポイントが点在している。

一番の見どころは、開放感あふれる「花ひろば」。約3000平方メートルの花畑に、春は可憐なブルーのネモフィラ、夏は一斉に同じ方角を向いて咲くヒマワリ、秋はピンクや白のコスモスが盛大に咲き誇り、その圧倒的なスケール感に目を奪われる。実はこの花畑、地上絵になっており、園内中央にそびえる高さ50メートルの展望塔から見下ろすと、見事な絵柄が浮かび上がるそう。デザインはテーマによって変わるので、ご対面までのお楽しみに。

他にも、ネパールや中国、韓国、イギリス、イタリアなどの伝統的な庭園様式を再現した「国際庭園」や、印象派の画家クロード・モネが、フランス・ジヴェルニーに造った庭を模した「花の美術館」など見どころが満載だ。お弁当を持参して、花盛りの公園でのんびりピクニックを楽しむのもいい。

一面に咲き誇るパノラマの花畑が圧巻

❶4月中旬ごろ、「花の美術館」の水の庭では太鼓橋の藤棚が優美に咲きそろう ❷「花ひろば」のヒマワリ畑は夏の人気スポット ❸「花の美術館」を華やかに彩るバラの大アーチ

POINT 「花の美術館」は20年の時を経て、植物が育ち人と時間が作り上げた芸術のような庭。連続したつるバラのアーチ越しに見る館は絵画的な風景。花々が重なり、太鼓橋の藤やスイレンが描く世界は自然と一体となって成熟期を迎えている。

❹10月中旬から下旬にかけて最盛期を迎える「花ひろば」のコスモス。背景に立つのが展望塔 ❺園内の水路を東西に行き交う遊覧船ガーデンクルーズも運航（一部期間除く）

時 8:30～17:00（4・5月は～18:00）
※最終入園は各30分前

休 無休

料 入園無料

〒431-1207 静岡県浜松市中央区村櫛町5475-1

053-488-1500／舘山寺スマートIC→車20分

 https://www.hamanako-gardenpark.jp

no.41

はままつフラワーパーク

浜松市

季節ごとに咲き継ぐ花のリレーが魅力

1970(昭和45)年開園の「はままつフラワーパーク」は、浜名湖畔の自然の地形を生かして造成された植物園。30万平方メートルの敷地に、約3000品種・100万株の樹木や草花が植栽され、季節とともに主役が変わる〝花のリレー〟が最大の見どころだ。

一年の花風景は、ウメとスイセンの競演からスタート。2月上旬から3月上旬が見頃で、ウメの足元を覆い尽くすようにスイセンが咲く詩情的な光景が見られる。3月下旬には、50万球のチューリップと1300本のサクラがカラフルに園内を彩り、4月下旬からは藤が主役に。樹齢約20年の野田九尺藤11本がトンネル状に植栽された藤棚は圧巻だ。初夏には、ハナショウブ、アジサイが見頃を迎え、7・8月にはヒマワリやキバナコスモスが威風堂々と咲き誇る。秋は色とりどりのヒガンバナから始まり、紫色のアメジストセージに秋バラ、コスモス、菊などが次々に咲き継ぐ。そして冬、100万球のLEDが煌めくフラワーイルミネーションがシーズンのフィナーレを飾る。何度でも訪れたくなる、癒しの花名所だ。

サクラとチューリップの色鮮やかな競演が本格的な春の到来を告げる

約270品種・1100株が植栽されたローズガーデンは5月中旬が見頃

❶「笑顔がこぼれる庭」をコンセプトに、ガーデンデザイナー・吉谷桂子氏がプロデュースする「スマイルガーデン」 ❷野田九尺藤11本が植栽された見事な藤棚 ❸初秋には、赤、白、黄色、ピンクなどのヒガンバナが凛と咲く ❹メインエントランスを抜け、ウェルカムガーデンへ

(時) 9:00～17:00(10・11月は～16:30)、
12～2月は10:00～16:30　※最終入園は各30分前
(休) 無休
(料) 高校生以上800～1000円，小・中学生400～500円
※上記は3～6月の料金で開花状況により変動。
7・8月は無料、9～2月は高校生以上500円(200円分の買物券付)、中学生以下無料

〒431-1209 静岡県浜松市中央区舘山寺町195
053-487-0511／JR 浜松駅→バス40分、下車すぐ

POINT 150メートルにもおよぶボーダー花壇「スマイルガーデン」では色彩が重なるように宿根草が植栽されまるで絵画のよう。背景となる芝や藤の回廊とのコントラストも鮮やか。パラソルのように仕立てた白い藤の優雅な姿は必見。

no.42

神戸布引《ぬのびき》ハーブ園

神戸市

季節のハーブと花々を五感で楽しむ

神戸観光の拠点であるＪＲ新神戸駅から徒歩5分ほどのロープウェイ乗り場へ。神戸・京阪神の景色を眼下に、片道10分の空中散歩を楽しみながらアクセスできる日本最大級のハーブ園。標高約４００メートルの山頂に広がる園内は12の多彩なテーマガーデンで構成され、約２００品種・７万５０００株のハーブや花々が咲き集う。山頂に広がる大パノラマも絶景だ。

テーマガーデンは、イングリッシュローズをメインに約60品種のバラが植栽された「ローズシンフォニーガーデン」をはじめ、緑豊かな山並みを背景に、ガゼボやガーラントにつたうツルバラやイングリッシュローズ、シュラブローズが風にそよぐ「四季の庭―おもてなしの庭―」、柑橘類やキウイ、リンゴ、フェイジョアなどさまざまな果実の木々に囲まれた「風の丘果実園」など、それぞれ異なる趣向を五感で楽しめる。

また、〝ハーブの生きた図鑑〟として約１００種類のハーブを植栽展示する見本園「ハーブミュージアム」では、ハーブに触れて、香って、活用法を学べるハーブガイドツアー（無料）も実施。

バラの見頃は5月中旬から6月下旬、10月上旬から11月上旬にかけて

❶球形の苞がかわいらしいセンニチコウ。開花は7月下旬から11月中旬まで ❷11月上旬から12月上旬は鮮やかな秋色に包まれる ❸園内各所にハンモックが設置され、ゆったりとくつろげる ❹ロープウェイからは「布引の滝」や重要文化財「五本松堰堤」などの名所も眺められる

季節の花々とともに神戸の街並みや港を見渡せる「ウェルカムガーデン」

(時) 10:00～17:00(季節によって変動あり)
(休) 無休　※1月下旬～2月中旬、9月上旬はロープウェイ設備点検のため運休・休園
(料) ロープウェイ乗車料+ハーブ園入園料／高校生以上2000円、小・中学生1000円、未就学児無料

〒650-0002 兵庫県神戸市中央区北野町1-4-3
078-271-1160／JR新神戸駅→ロープウェイ10分、下車すぐ

POINT JR新神戸駅からのアクセスもよく、気軽に行けるハーブ園。庭園はグランドレベルで見て楽しむものと思いがちだが、ロープウェイに乗り空から全体のランドスケープデザインを体感するのも新鮮。鳥の気持ちでガーデンの眺望を楽しんで。

column4

バラを楽しむベストシーズン

バラを楽しむにはいつ頃がよいですか？　そんな質問をよく受けます。バラのベストシーズンは主に春と秋の2回ですが、南北に長い日本では地域により開花の時期が違います。東京を含む南関東を例にあげると、花の見ごろは下記のとおりです。

南関東では5月と10月がバラのベストシーズン。多くの種類はゴールデンウィークごろから咲き始めます。花は次々と咲くので5月でしたらいつでも満開のバラを楽しむことができ、遅咲きのバラが咲く6月上旬くらいまでが見ごろでしょうか。一つの指標として街中でよく見かけるトゲなしのバラ「黄モッコウバラ」は一足早く咲くのでバラのシーズンが始まる開花予報といえます。そして秋は行楽シーズンの始まる10月から咲き始めます。秋のバラは春ほどの花数や勢いはありませんが、気温が低くなることで発色する秋特有の花色や濃厚な香りに秋バラのファンもいるくらいです。

Yoko Oshima

中国・四国エリア

CHUGOKU・SHIKOKU

蒜山三座の大パノラマを背景に春バラが咲き誇る「天空のローズガーデン」

no.43

蒜山《ひるぜん》ハーブガーデンハービル

真庭市

蒜山三座の雄大な山並みを望む真庭市蒜山西茅部に広がる天空のガーデン。総面積３ヘクタールの敷地には、約４００株のバラや２００種類以上のハーブをはじめ、季節の花々が咲き誇る。

シーズン最初の見どころは、５月下旬から次々に咲き始める多彩なバラ初夏の草花が織りなす夢のような共演。７月からは約５０００株のラベンダー畑が彩りを加え、紫一色に染まる満開時には花畑一帯が甘く爽やかな香りに包まれる。摘み取り体験（５００円）もできるので、見て触れて香りを楽しむ、とっておきのラベンダー体験を。また、英国庭園風にデザインされたガーデンは、春のスイセン、チューリップに始まり、夏の色鮮やかな宿根草たち、秋のサルビアや紅葉まで、四季折々の変化に富んだ表情が魅力だ。ちなみに園内はペット同伴ＯＫ。愛犬と一緒に散策を楽しむ来園者も多いそう。

園内には、ハーバリウムやリース作り体験ができるクラフトルーム、ハーブや花の苗を販売するガーデニングショップ、屋外テラス席を備えるカフェなどもそろい、一日中楽しめる。

蒜山三座の大パノラマと季節の花を愛でる

❶入口を抜けるとカラフルな色合いの「ボーダーガーデン」が迎えてくれる ❷パーゴラや小屋に絡まるツルバラが立体的なアクセントに ❸紫色の絨毯が広がるラベンダー畑

POINT 木製パーゴラやショップ建物周りにはゆったりとつるバラが誘引されており、ノスタルジックな印象を醸し出している。植物と石材、レンガや枕木などの自然素材の組み合わせが上手くガーデニングの参考にしたい。

❹カフェで人気の自家製スコーンとヨークシャーティーのセット「クリームティー」1300円 ❺ガーデニングショップでは、ハーブやバラの苗の他、季節ごとの商品も取りそろえる

時 9:00～16:30 ※季節よって変動あり
休 水曜（7・8月は無休） ※12～3月は冬季休業
料 一般300円、中学・高校生200円、小学生以下無料

〒717-0604 岡山県真庭市蒜山西茅部1480-64
0867-66-4533／蒜山IC→車5分

no.44

北川村「モネの庭」マルモッタン

北川村

光の画家がこよなく愛した庭を再現

印象派の巨匠、クロード・モネがこよなく愛したフランス北部ジヴェルニーにある庭を高知の自然の中に再現。本家「ジヴェルニーのモネの庭」から〝モネの庭〟と名乗ることを許された世界で唯一の庭として2000年にオープンした。もともと村おこしのための庭園造成計画の中で「ジヴェルニーのモネの庭」の構想が生まれたのが始まり。何のつてもない中、直接交渉を重ねた結果、その熱意が、本家「モネの庭」に関わる人々の心を動かし、当時の庭園管理責任者であったジルベール・ヴァエ氏指導の下、開園に辿りついたという。

園内には、パレットのような色彩とバラのアーチが美しい「花の庭」、スイレンの咲く池や藤棚、太鼓橋などが配された「水の庭」、光り輝くモネの作品から得たインスピレーションにとって生まれた「ボルディゲラの庭」と3つの個性豊かな庭が静かにたたずむ。

色とりどりのスイレンと揺らめく水面、混ざり合う光と草花の色、刻一刻と移ろう色彩…。その一つ一つを見つめ、庭を散策すると、モネが描いた風景を垣間見ることができる。

スイレンが咲く夏の「水の庭」。午後は花が閉じてしまうのでご注意を

日本と西欧の文化の融合した「水の庭」。春は太鼓橋の藤棚が見事

❶「水の庭」のバラのアーチは、5月下旬が見頃。スイレンと同時に楽しめる ❷春の「花の庭」。バラのアーチの足元にオレンジ色のナスタチウムが咲き誇る ❸「花の庭」に面して構えるカフェには心地いいテラス席も ❹ショップでは、モネのミュージアムグッズや北川村の特産品などを販売

POINT モネの「睡蓮」のごとく深い静寂に包まれた水の庭。風に揺れるヤナギ、水際のアイリスや数々の草花。絵画を再現したかのように静かに浮かぶスイレンにガーデナーの魂を感じる。藤が覆う太鼓橋からは水に映り込む花の光景が広がる。毎年7月から10月はモネがあこがれた「青いスイレン」が咲く。

㊋ 9:00～17:00(最終入園 ～16:30)
㊡ 6～10月の第1水曜
※12月1日～2月28日は冬季休業
㊕ 高校生以上1000円、小・中学生500円、未就学児無料

〒781-6441 高知県安芸郡北川村野友甲1100
0887-32-1233／土佐くろしお鉄道奈半利駅→バス10分、下車すぐ

起伏に富んだ地形を生かし、生態的な特性を損なわないように植栽している

no.45

高知県立牧野植物園

高知市

高知が生んだ〝日本の植物分類学の父〟、牧野富太郎博士の業績を顕彰するため、1958(昭和33)年に高知市の五台山に開園した四国唯一の総合植物園。牧野博士が生涯に収集した標本は約40万枚、学名をつけた植物は新種や新品種など1500種類以上にも及ぶ。自然の起伏を生かした約8ヘクタールの園地には、そんな博士ゆかりの野生植物や園芸植物など3000種類以上が植栽されている。

植栽エリアの「土佐の植物生態園」は、牧野博士の故郷・土佐の自然がテーマ。標高1000メートルを超える山地(冷温帯)や丘陵地(暖温帯)など土佐の植生を各ゾーンに分け、代表的な植物を自然さながらに植栽し、植物群落を忠実に再現した。また、回遊式水景庭園の「50周年記念庭園」では、サクラやハスの仲間など東洋の園芸植物たちが目を楽しませてくれる。

牧野博士の生涯とその業績を常設展示で紹介する「牧野富太郎記念館」では、直筆の書や植物図、使用していた採集道具など(複製)の貴重な品々が見られるので、こちらもぜひ立ち寄りたい。

自然の中で植物に出合う喜びを感じる

❶もともとあった寺院の古い石垣が残る情緒たっぷりのお遍路道 ❷赤く色づいた「南園」のモミジ ❸標高約130メートルに位置する見晴らしのいい「こんこん山広場」

POINT 植物園の原点となる場所に作られた回遊式水景庭園「南園・50周年記念庭園」。池ではスイレンの仲間や青い花のミズアオイ、オオオニバスなどが観賞でき、高知県にちなむ植物観察もできる。傾斜地の高台からの温室と庭園の眺めは気持ちよい。

❹温室では、国内外から集めた貴重な植物や色鮮やかな熱帯花木、熱帯果樹などを通年観賞できる ❺牧野博士の生涯と業績を、植物図や著書、観察会の記録や写真などで紹介

- 時 9:00～17:00(最終入園～16:30)
- 休 無休　※2025年は年8回メンテナンス休園あり
- 料 一般・大学生730円(2025年4月1日から850円に改定)、高校生以下無料

〒781-8125 高知県高知市五台山4200-6
088-882-2601／JR高知駅→バス25分、下車すぐ

 https://www.makino.or.jp

写真提供：高知県立牧野植物園

no.46

とっとり花回廊

南部町

大山を借景に色彩豊かな花壇がレイアウトされた西館テラス

秀峰・大山の裾野、約50万平方メートルの自然豊かな敷地に広がるビッグスケールのフワラーパーク。その名の通り、園内をぐるりと1周する長さ1000メートルの屋根付き展望回廊がダイナミックに設置され、雨天時でも快適に散策が楽しめるのが特徴だ。

園内は標高192メートル。もともとの地形の起伏や雑木林などを生かしながら、年間約400品種の花を植栽し、自然環境と溶け合うように花風景が調和する。大山を借景に広がる「花の丘」は1万平方メートルの規模を誇り、春はパンジーやビオラ、夏はマリーゴールド、秋は真っ赤なサルビアが丘一面を覆い尽くす一番人気のフォトスポット。霧状の水が花壇に噴き出す「霧の庭園」や、水の上に浮かぶように見える「水上花壇」など独創的な演出にも注目したい。また、同園のメインフラワーであるユリは、通年観賞することができ、日本に自生する野生ユリ15品種を、国内で唯一、すべて保有・展示しているという。夏に開催される幻想的な夜間庭園「ムーンライトフラワーガーデン」も一見の価値がある。

屋根付き回廊で快適な花散歩を

❶3月下旬から24品種が次々と開花する「桜の広場」❷約200品種のバラが観賞できる「ヨーロピアンガーデン」❸オランダ風の花壇や風車がレイアウトされた「花の谷」

POINT ポール・スミザー氏監修の「紅葉の庭」。落葉樹の株元にはクリスマスローズやプルモナリアなどの地面を覆って咲く宿根草が群生。春の芽生えシーズンは光り輝く夢のような世界に。

❹初夏と秋、期間限定で公開される「秘密の花園」。写真は可憐な花が一斉に咲きそろう初夏のユリ畑 ❺「秘密の花園」の秋の主役はコスモス。100万輪の花々が秋風にそよぐ

(時) 9:00～17:00(夜間営業日は～21:00) ※最終入園は各30分前
※上記は4～10月の開園時間。その他の期間は変動あり
(休) 4～11月、9～11月は無休、その他の期間は火曜
(料) 高校生以上500～1200円、小・中学生250～600円、未就学児無料

〒683-0217 鳥取県西伯郡南部町鶴田110
0859-48-3030／JR米子駅→無料シャトルバス25分、下車すぐ

no.47

福山市ばら公園

福山市

“ばら文化”が根付く福山市のシンボル

バラを都市ブランドに掲げる〝ばらのまち福山〟のシンボル的な公園。その歴史は、80年前に遡る。福山市は1945(昭和20)年の空襲で市街地の約8割が焼け野原と化した。戦後、再建復興に取り組む中、「戦災で荒廃した街に潤いを与え、人々の心に和らぎを取り戻そう」と願いを込めて、現在のばら公園付近に市民が約1000本のバラの苗を植えたのが始まりだ。

2024年4月には大幅な改修工事を経て、リニューアルオープン。生まれ変わった園内には、19基の大アーチと42基の小アーチが設置され、大アーチが一直線に並ぶ大回廊では、アーチのつるバラとスタンダード仕立ての白バラが立体的なアクセントを生み出す。間近にバラが感じられるよう花壇内にも散策路を設けた。また、耐病性に優れた品種を中心に同系色のバラをストライプ状に配した「色彩のばら園」や、「開園当初に親しまれていたばら」、「福山と名の付くばら」など個性豊かな9つのテーマガーデンも見逃せない。

5月中旬に開催される「福山ばら祭」は福山市が誇る最大のイベントだ。

花壇の間を縫うように散策路が巡らされ、間近にバラを感じられる

バラの見頃は5月上旬から下旬と 10月下旬から11月上旬にかけて

❶同系色のバラが帯状に植栽された「色彩のばら園」❷福山の名を冠したオリジナル品種は11あり、写真は淡い黄色と紅色が混じり合う「アニバーサリーふくやま」 ❸バラの大回廊を進むと、芳醇な香りに包まれ、幸せな気分に ❹紫色を帯びた淡いピンクの大輪が美しい「福山城」

POINT 「ばらのまち福山」のシンボルとなるばら公園。中央に長く伸びる回廊を骨格にその周囲にローズガーデンが広がるスタイル。福山と深く関わるバラがセレクトされ、開園当初のバラも大切に保存されている。

㊐ **入園自由**
㊡ **無休**
㊕ **入園無料**

〒720-0803 福山市花園町1-6
084-928-1095（福山市公園緑地課）／JR福山駅→バス15分、下車徒歩2分

 https://www.city.fukuyama.hiroshima.jp

column5

バラの基礎知識

古くはクレオパトラの時代から人と密接な関係を持ち、現在では数万種にまで増え世界中の人に愛されている「花の女王」バラ。その魅力は多彩な花色や花の形、豊富な香りに溢れています。

バラの野生種は主に北半球にあり、サクラと同じくバラ科に属しています。野生種は春に一度だけ咲く花ですが、香りがよく花弁の多いオールドローズが発見されると、よりバラエティに富む咲き方や花色、多くの開花、耐病性などが求められてきました。そして四季咲き性のあるチャイナローズの性質を用いて品種改良が重ねられ、1800年代中ごろには春から秋まで咲く四季咲きのバラ＝モダンローズがフランスで誕生しました。

明治に入り西洋風の庭園や公園に花壇が作られると、誰もがバラに親しめるようになりました。今では草花と組み合わせて植栽したり、鉢に植えて気軽に楽しんだりと、庭園では欠かせない存在になっています。

Yoko Oshima

九州・沖縄エリア

KYUSHU・OKINAWA

no.48

ハウステンボス

佐世保市

異国の街並みと季節の花の絶景コラボ

約152万平方メートルの敷地に、オランダの街並みを再現した〝憧れの異世界〟ハウステンボス。レンガ造りの建物や石畳が織り成す景観は、まるでヨーロッパのよう。そんな非日常の世界で楽しめるのは、圧倒的なスケールとクオリティのアトラクションや季節のイベント、そして、世界に誇る光の芸術・イルミネーション…。場内をカラフルに彩る四季折々の花々も「ハウステンボス」の醍醐味の一つだ。

一年で最も華やぐのは春。2月上旬から4月上旬には、色とりどりのチューリップがオランダの街並みと見事に調和し、「フラワーロード」では、風車とチューリップのコラボレーションをさまざまな角度から楽しめる。4月下旬から5月下旬はバラが主役となり、場内がバラの楽園に。「アートガーデン」には、多種多様なバラが優雅に咲き誇り、絵画のような光景が広がる。バラの香りに包まれた運河を水上散歩するカナルクルーザーも爽快だ。

どこを切り取っても絵になる花風景は、きっとここでしか出合えない。

運河を彩るバラと街並みを水上から楽しめる「カナルクルーザー」

ヨーロッパの庭園様式を現代風にアレンジした「アートガーデン」

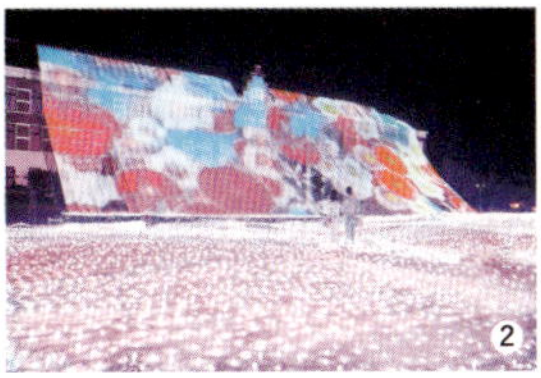

❶色とりどりのバラに覆われた「アートガーデン」❷「光のオーロラガーデン」は、幅60メートルの光の滝が躍動する壮大なイルミネーション ❸日本最大の音楽噴水ショー「ウォーターマジック」❹バラの庭園と音楽噴水が眺められる「アートガーデンカフェ」

㊐ 9:00〜21:00(最終入園〜20:00) ※季節・曜日により変動
㊡ ホームページにて確認を
㊕ 1DAYパスポート一般7600円〜、中学・高校生6600円〜、小学生5000円〜、4歳〜小学生未満3800円〜、65歳以上5900円〜

〒859-3292 長崎県佐世保市ハウステンボス町1-1
0570-064-110／JRハウステンボス駅→徒歩7分

POINT 運河テラスの壁面は色彩豊かなつるバラや修景バラがカスケードとなって溢れるように咲き、130mにもおよぶ水路沿いにはスタンダード仕立てのバラが整然と咲く。バラの樹形を活かした見せ方、空間における配置は抜群で街並みとバラが見事に調和している。

 https://www.huistenbosch.co.jp

写真提供：ハウステンボス J-21784

no.49

宮交ボタニックガーデン青島

宮崎市

南国気分に浸れる亜熱帯植物園

日南海岸国定公園の表玄関と呼ばれる奇岩に囲まれた青島は、周囲1・5キロメートルほどの小さな島。ここに自生する植物は北半球最北の亜熱帯植物群落として知られ、１９５２(昭和27)年に国の特別天然記念物に指定されている。島内の自然は厳しく保護され、植物の採取も禁じられているため、１９６５(昭和40)年、学術研究、自然教育の場として青島の西対岸にこの亜熱帯植物園が開設された。

ガーデンエリアには、青島に自生する特別記念物・ビロウをはじめ、フェニックス、女王ヤシなど17種類のヤシ科の植物のほか、ブーゲンビリアなど色鮮やかな亜熱帯花木類が植栽され、南国らしい景観が広がる。マカダミアナッツ、グァバなど熱帯果樹の実を観賞できるのも同園ならでは。

イベント広場には、日本ではなかなか見られない世界三大花木の一つで、〝南半球のサクラ〟とも言われる南米原産のジャカランダが植栽され、初夏には青紫色の花を咲かせるそう。

トロピカルな果樹が甘い香りを放つ、熱帯果樹温室も見逃せない。

ポピーやシロタエギクが咲きそろう3月の「フラワースポット」

春に登場するブーゲンビリアの色鮮やかなフラワーマウンテン

❶秋の「フワラースポット」に咲く、ピンク色のハイビスカス ❷ジャカランダ、アジサイなどブルー系の花がバランスよく植栽された6月のデッキテラス ❸大温室では一年を通してトロピカルフラワーを観賞できる ❹管理棟内のカフェでは3種類の味が楽しめるパラボラチョセットが人気

POINT フラワースポットには空に抜けるように育つワシントニアパーム。樹々の隙間から見える海沿いの自然林と空の風景は爽快。花壇にはハイビスカスやクロトンなどの熱帯性植物と草花が調和し南国らしい植栽。

(時) **8:30～17:00**
(休) **無休(大温室は火曜休、熱帯果樹温室は水曜休)**
(料) **入園無料**

〒889-2162 宮崎県宮崎市青島2丁目12-1
0985-65-1042(管理事務所)／JR青島駅駅→徒歩10分

no.50

フローランテ宮崎

宮崎市

花々に癒される豊かな暮らしを提案

宮崎県宮崎市が、世界に誇れる「花のまちづくりの推進拠点」として、２０００年に開園した都市公園。複合型リゾート施設「シーガイア」などからなる「阿波岐原森林公園」の一角に位置し、春は色彩豊かなチューリップ、夏は葉色が美しいカラーリーフや暑さに強い植物を取り入れたコレクション、秋はマリーゴールド、冬はパンジーなど、四季折々の草木が約５万平方メートルの園内に咲き継ぐ。

同園ならではのユニークな特色は、さまざまなライフスタイルに合わせたガーデニングの見本園があること。「街並み見本園」には、洋風、和風、田園生活指向、アウトドアライフ指向と４タイプの住宅が建ち並び、それぞれの様式に合わせた庭造りを提案している。「花づくり見本園」では、庭や塀、壁などを演出する植栽デザインの具体例が見られ、来園者からもガーデニングの参考になると好評とか。

年間を通して、開花シーズンや歳時記に合わせた季節のイベントが多数開催されるのも、同園の楽しみの一つ。事前にチェックして出かけたい。

4月下旬から5月下旬は約50品種の春バラが色鮮やかに咲き誇る

園内中央に広がる「芝生広場」では3月中旬からチューリップが見頃に

❶宮崎県綾町にある「綾園芸」のオリジナル品種であるラナンキュラス・ラックスは3月中旬から開花 ❷春と秋にはフラワートレイン（造形物）が登場 ❸秋はケイトウやマリーゴールドなどが花壇を彩る ❹8月は1万灯のランタンの幻想的な光に包まれる「みやざきグルメとランタンナイト」を開催

㊋ 9:00～17:00
※イベント開催時は変更あり
㊡ 火曜（祝日の場合は開園、翌日休）
※イベント開催時は変更あり
㊕ 高校生以上310円、小・中学生150円、未就学児無料
※開花状況などによってイベント特別料金が加わるため、詳細はホームページで確認を

〒880-0836 宮崎県宮崎市山崎町浜山414-16
0985-23-1510／JR宮崎駅→車20分

POINT 芝・園路・池・花壇の多くが緩やかな曲線で構成されており、うねるような地形を活かした草花植栽が最大の魅力。春のサクラやチューリップの季節には抜けるような青空と巨大なヤシが独特な南国の春を印象付けている。

no.51

かのやばら園

鹿屋市

いち早く満開の春バラが観賞できる

鹿児島県鹿屋市が魅力的な観光拠点を目指し、1993年にオープンしたバラ園。約1万平方メートルの敷地からスタートし、リニューアルを重ねて規模を拡大。現在は8万平方メートルにもおよぶ広大な敷地に3万5000株のバラが植栽された日本最大級のバラ園に発展した。2023年には正面入り口付近に「ウェルカムガーデン」と、横尾岳を背景に園内を見渡せる「展望デッキ」を新設。鹿児島の温暖な気候のもと、春は全国に先駆けていち早くバラが咲き始め、毎年5月のゴールデンウィークに満開を迎えるという。

傾斜地を生かして色とりどりのバラが植栽された園内は、イギリスのナーセリー「デビッド・オースチン・ロージズ」の品種をコレクションした「イングリッシュローズガーデン」、世界各国のバラを集めた「世界のばら園」など9つのテーマガーデンからなり、さまざまな趣向でバラを演出。なかでも、全長220メートルに渡って続く春限定の「つるバラトンネル」は圧巻だ。「プリンセスかのや」や「桜島」など鹿屋生まれのオリジナル品種にも注目したい。

春は4月下旬から6月上旬、秋は11月から12月上旬にかけて見頃を迎える

春と秋のばら祭り期間にはローズトレインが登場。のんびりと園内を走る

❶満開の春バラをいち早く楽しめるのも同園の醍醐味 ❷ハート形になるように剪定されたバラのアーチは撮影スポットとして人気 ❸レストランでは、薔薇カレーやばらのソフトクリームが楽しめる ❹幅4.5メートル、高さ3.5メートルのアーチが続く日本最大級のツルバラのトンネル

POINT カラーガーデンには大型のオベリスクがそびえ立ち立体感ある風景。特に展望デッキからの眺めは素晴らしい。温かな地でも育つ耐病性の高いバラ「サザン・ホープ」も作出。「横浜イングリッシュガーデン」との友好を記念したガーデンでは鹿屋の気候に合うバラ、宿根草、果樹なども植わる。

㊓ 9:00～17:00(最終受付は～16:30)
㊡ 月曜(祝日の場合は開園、翌日休)
※ばら祭り開催期間は無休
㊕ 一般630円、小・中学生、高校生110円
(開花状況により変動あり)、未就学児無料

〒893-0053 鹿児島県鹿屋市浜田町1250
0994-40-2170／笠之原IC→車20分

 https://www.baranomachi.jp

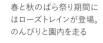

no.52

石橋文化センター

久留米市

噴水と満開の春バラが目を楽しませてくれる「美術館前バラ園」

季節の花が咲き継ぐ市民のオアシス

久留米市の文化芸術の拠点を担う「石橋文化センター」は、1956(昭和31)年、久留米出身で名誉市民の株式会社ブリヂストンの創業者・石橋正二郎氏から久留米市へ寄贈されたもの。美術館や図書館などが集まる複合文化施設で、敷地内の庭園は、市民憩いの場として親しまれてきた。

和・洋のエリアに分かれた園内には、花の種類ごとに見どころが設けられ、早春のウメを皮切りに、ツバキ、サクラ、チューリップ、バラから、初夏のハナショウブ、秋の紅葉まで、季節の移ろいとともに7色の花巡りが楽しめる。

なかでもメインのバラは、フランス式庭園に人気の高い18品種を植栽した「美術館前バラ園」や、香りの強いバラを集めた「香りのバラ園」など趣向の異なる4つのバラ園で、さまざまな表情に出合えるのが魅力だ。

世界ツバキ会議において国際優秀つばき園に認定された「つばき園」は3月上旬から下旬、30品種・1万本のハナショウブは5月下旬から6月中旬に見頃に。入園無料なのが申し訳ないほど充実の花暦を堪能できる。

❶「香りのバラ園」の散策路。春の見頃は5月上旬から下旬にかけて ❷「睡蓮とバラの庭」は休憩にもぴったり ❸世界的な大女優「オードリー・ヘップバーン」の名を冠したバラ

POINT 回遊式日本庭園は石橋正二郎氏の構想によるもの。「楽水亭(カフェ)」からは一丈の滝、灯篭、沢渡石などが見え伝統的日本庭園の手法をうかがわせる。庭園の南側にあるアトリエに繋がる小道にはモミジやバラ、ツバキが配され和洋を上手く取り入れた植栽。

❹4月下旬には園内に配された大小約20か所の花壇でポピーやルピナスなどが咲きそろう ❺日本庭園を望むカフェでは、香り豊かなバラのスイーツが楽しめる

(時) **9:00～17:00**
(休) **庭園は無休(各文化施設は月曜)**
(料) **入園無料**

〒839-0862 福岡県久留米市野中町1015
0942-33-2271／西鉄久留米駅→徒歩15分

no.53

国営沖縄記念公園 熱帯ドリームセンター

本部町

高さ36メートルのシンボル塔「遠見台」からは南国の海と園内を見渡せる

沖縄屈指の観光スポット「沖縄美ら海水族館」を有する「海洋博公園」内にある熱帯植物園。公園のテーマである「太陽と花と海」の「花」を象徴する施設で、6万平方メートルの館内には、日本初開花を記録したバオバブや果物の王様ドリアンなど、熱帯・亜熱帯の珍しい花木やトロピカルフルーツが植栽展示され、古代遺跡を思わせる建造物と相まって別世界のような雰囲気が漂う。

一番の見どころは、常時2000株以上のランを鑑賞できる3棟のラン温室。毎年2月上旬に開催される「沖縄国際洋蘭博覧会」では、国内外から集まった多種多様なランに出合える。「ファレノプシス温室」には、沖縄の森を再現したエリアがあり、イリオモテランをはじめ、自然界でもなかなか遭遇できない貴重な植物を多数展示。また、国内で唯一、種子がグライダーのように滑空する「ハネフクベ」の果実を観賞できる「果樹温室」も見逃せない。ぜひ参加したいのが、毎日実施している「フラワーガイドツアー」。専門のガイドが館内の代表的な植物や見どころをわかりやすく解説してくれる。

熱帯・亜熱帯の花木が華やかに咲く楽園

❶熱帯スイレンが咲き誇る「ロータスポンド」。池の中にはアロワナが悠々と泳ぐ ❷一足早い春を感じる「チューリップフェア」。毎年1月中旬頃開催 ❸多彩なコチョウランを観賞できる「ファレノプシス温室 」

POINT 地形と建築、植物が調和した風景は必見。傾斜地にレンガ造りの防風壁や回廊でいくつものパティオ（中庭）がつくられ、ヤシや熱帯性植物を風害、塩害から守るランドスケープデザイン。壁の表面はあえて割れた面を出し、つる植物も絡まって遺跡のよう。

❹色彩豊かなバンダのトンネル。その先にはビカクシダコレクションが楽しめるエキゾチックゾーンがある ❺トロピカルフルーツカフェ「スコール」では、タコライスやトロピカルドリンクが楽しめる

時 8:30～19:00（10～2月は～17:30）　※最終入館は各30分前
休 ホームページにて確認を
料 高校生以上760円、中学生以下無料

〒905-0206 沖縄県国頭郡本部町石川424
0980-48-3624／許田IC→車30分

 https://oki-park.jp/kaiyohaku/inst/38

写真提供：国営沖縄記念公園（海洋博公園）

column6

エディブルフラワー

レストランやカフェのサラダやデザートに、色鮮やかな小さな花が飾られていることがあります。料理に彩りを添えたり、食感や香り、食味を加えたりする食用の花「エディブルフラワー」です。古くからヨーロッパではナスタチウムやボリジ、マリゴールド、スミレ、バラなどが食用に使われてきました。最近では、毒性がなく無農薬で育てた花が種類豊富に流通し、食材として料理の幅を広げています。

また、花にはビタミン、ミネラル、食物繊維などの栄養成分が豊富なものもあります。ガーデンカフェではアイスクリームやパンケーキ、パフェなどに添えられたり、ソーダの氷に入っていたり。花の色や見た目の美しさで楽しいカフェタイムとなるでしょう。花は生食のほかドライにして紅茶の香り付けに使われたり、砂糖で煮詰めてジャムとして提供されることもあります。

Yoko Oshima

日本庭園

NIHON TEIEN

心おだやかに楽しみたい、
しっとり落ち着いた和の空間。

no.54

毛《もう》越《つう》寺

平泉町

自然と調和する静寂と美の浄土庭園

毛越寺は、850(嘉祥3)年に慈覚大師円仁が創建したと伝えられ、藤原氏二代基衡、三代秀衡の時代に数多くの伽藍が造営された。往時は中尊寺をしのぐほどの規模と華麗さであったと伝えられている。度重なる災禍によりすべての建物が焼失したが、現在も浄土庭園と平安時代の伽藍遺構がほぼ完全な状態で保存されており、国の特別史跡・特別名勝の二重の指定を受け、2011年には「平泉―仏国土(浄土)を表す建築・庭園及び考古学的遺跡群―」の構成資産の一つとして世界遺産に登録された。

仏堂と苑池が一体として配された「浄土庭園」は、北に塔山と呼ばれる小山を背景として、広々とした苑地美観が展開。浄水をたたえる大泉が池の周辺には、州浜、荒磯風の水分け、枯山水風の築山といった石組みや、池に水を引き入れる遣水など、自然の景観が表現されている。

日本最古の作庭書『作庭記』の思想や技法を現代に伝える貴重な庭園として、800余年を経た今も、周囲の自然と調和し変わらぬ美しさを放つ。

春はシダレサクラやソメイヨシノなどさまざまなサクラが見頃を迎える

10月下旬から11月中旬にかけては大泉が池のほとりの木々が鮮やかに色づく

❶秋の花を代表するハギは、500株ほどが植栽され、10月初旬が見頃 ❷6月初旬から咲き始める色とりどりのハナショウブ ❸本堂の朱色と紅葉が相まって美しい ❹境内にある茶屋では、みたらし団子やわらび餅の抹茶セットが人気。春は目の前にハナカイドウが咲く

㊋ 8:30～17:00(11月5日～3月4日は～16:30)
㊡ 無休
㊫ 一般・大学生700円、高校生400円、小・中学生200円、未就学児無料

〒029-4102 岩手県西磐井郡平泉町平泉大沢58
0191-46-2331／JR平泉駅→徒歩10分

POINT 周囲の山々を借景に静かな水面と州浜、出島石組の先にある庭園の象徴ともいえる傾いた池中立石の緊張感が静寂の美を奏でている。水の美しさ、石や自然との調和が独特の世界観をつくり時間を忘れ見入ってしまう庭。

 https://www.motsuji.or.jp

no.55

偕楽園

水戸市

3000本が開花するウメの名園

日本三名園の一つに数えられる「偕楽園」は、1842(天保13)年、水戸藩第9代藩主・徳川斉昭によって造園された。同じく斉昭が開設した水戸藩の藩校「弘道館」は文武修業の場であり、修業の余暇に心身を休める場である「偕楽園」とは、相互に補完しあう一対の教育施設で、「偕楽園」の名前には、領内の民と偕(とも)に楽しむ場にしたいという斉昭の願いが込められている。

園内では、早春の訪れを告げるウメの開花を皮切りに、サクラ、ツツジがほころび、秋にはハギと色鮮やかな紅葉、初冬には二季咲きサクラ、雪景色と、四季折々の花と自然が変化に富んだ風景をつくり出す。とりわけ春はウメの名所として知られ、偕楽園には約100品種・3000本、弘道館には約60品種・800本のウメを有し、2月中旬から3月中旬にかけて開花時期には、敷地一帯が淡いピンクのグラデーションに覆われ、得も言われぬ光景に目が奪われる。花の形、香り、色などが優れているという「水戸の六名木」は、ぜひ観賞してみたい。

早咲き、中咲き、遅咲きと多彩な品種のウメを長期間に渡って楽しめる

ウメの最盛期は圧巻。2月中旬から3月中旬は「水戸の梅まつり」が開催

❶表門をくぐるとすぐ左手に広がる孟宗竹林は斉昭が京都から移植したもの。国内最大級の竹が1000本以上植栽されている ❷秋の「もみじ谷」。石畳の小道と陽を受けて輝く紅葉が美しい ❸真っ白い雪に包まれる冬はまた違った風情がある。カンザクラやツバキ、ロウバイなど冬の花も

日本庭園
● かいらくえん

㋐ 6:00～19:00、10月1日～2月中旬は7:00～18:00
㋭ 無休
㋙ 高校生以上320円、小・中学生、70歳以上160円
　好文亭は高校生以上230円、小・中学生120円、70歳以上110円
　※開門～9:00は一律入園無料、ウメの開花時期(2月中旬～3月下旬)は除く

📍〒310-0033　茨城県水戸市常磐町1-3-3
📞029-244-5454／JR水戸駅→バス20分、下車徒歩5分

POINT 斉昭設計の好文亭3階の楽寿楼(楽は水、寿は山を表す)からの眺めは眼下に広がる千波湖と美しく広がる梅林や園内のツツジ、ハギも見渡せる開けた「陽」の世界。「陰」となる孟宗竹林、大杉森をたどり明るい世界へといざなう庭園の構想がうかがえる。

https://ibaraki-kairakuen.jp

no.56

小石川後楽園

文京区

水戸黄門ゆかりの江戸の大名庭園

東京都文京区に位置する「小石川後楽園」は、1629(寛永6)年、水戸徳川家初代藩主・徳川頼房が江戸の中屋敷に築造し、2代藩主・光圀の修治によって完成した庭園で、江戸の大名庭園として現存する最古のものである。

小石川台地の起伏に富んだ地形と自然林を生かし、日本各地の景勝を模した創設者・頼房の庭づくりを受け継ぎつつ、光圀の時代には、儒教的思想を反映させた円月橋など中国の風物を取り入れているのが特徴。江戸の大名庭園の先駆けとして、後の庭園づくりに大きな影響を与えたという。日本と中国の名所や古典になぞらえた見どころを配した同園は、明るく開放的な「六義園」と好対照をなす。

形式は日本庭園の集大成ともいわれる回遊式築山泉水庭園。大きな池を中心に配し、周囲に園路を巡らして、築山、池中に設けた小島、名石などで各地の景勝などを再現している。

春はサクラ、夏はスイレン、秋はヒガンバナや紅葉、冬はウメ、サザンカなど、四季折々の花木がそっと彩りを添え、風光明媚な景観を描く。

5月下旬から7月下旬は、唐門の前に広がる内庭でスイレンが見られる

水鏡の紅葉と通天橋。橋は京都東福寺の通天橋を模して造られたもの

❶梅林にはコウバイ、ハクバイなど30品種ほどが植栽されている。光圀もこよなくウメを愛したという ❷蓮池は7月下旬から8月が見頃 ❸白、ブルー、紫色のハナショウブが咲き誇る初夏の「花菖蒲田」 ❹「びいどろ茶寮」（不定期営業）では、食事や甘味を味わいながら庭園を一望できる

(時) **9:00～17:00（最終入園は～16:30）**
※イベント開催時は変動あり
(休) **無休**
(料) **中学生以上300円、65歳以上150円、小学生以下無料**

〒112-0004　東京都文京区後楽1-6-6
03-3811-3015／JR水道橋駅→徒歩5分（東門）

POINT 庭園の西側にある「西湖の堤」は渡月橋の袂からまっすぐに延び、中国・杭州の名勝地にある湖・西湖の蘇堤を模して造られた国内最古のもの。木洩れ日の中、静かな水面をシャープに引き締める造形美。

 https://www.tokyo-park.or.jp/park/koishikawakorakuen/

写真提供：（公財）東京都公園協会

no.57

越谷市日本庭園 花田苑

越谷市

平成生まれの池泉回遊式庭園

越谷市の歴史と文化を保存し、地域住民に親しまれる憩いの場として、1991(平成3)年に開設された平成生まれの日本庭園。畑だった一帯を3年がかりで整備、造成し、伝統的な日本庭園の形式を基軸にしながら、現代の都市公園としての機能も兼ね備えた庭園を目指したという。

設計デザインは、昭和から平成まで国内外で活躍し、国内では吉田茂や田中角栄などの邸宅の庭園も手掛けた造園家の中島健氏。敷地面積は約2万平方メートルと広大で、地元の歴史ある農家・宇田家の長屋門を模した正門を抜けると、静寂と品格が漂う池泉回遊式庭園が現れる。大きな池を中心に、幾本もの橋や灯篭があしらわれ、数寄屋造りの茶室や園内を一望できる築山などが、周囲の自然と一体となって、庭全体の美観を高めている。

春は見事な枝ぶりのソメイヨシノ、夏は水面を彩るスイレンやハス、秋は真っ赤に色づくモミジ、そして、冬は早咲きのウメなどが、四季折々の見せどころに。ウェディングやドラマの撮影のロケ地としても人気が高いそう。

小さな滝と岩肌を覆う苔、赤く染まったモミジが秋の風情を演出する

水面に映る太鼓橋の水鏡が秀逸。紅葉と常緑樹のコントラストも美しい

❶垂れ下がった枝に淡いピンクの花を咲かせるシダレザクラ。凛とたたずむ姿が絵になる ❷茶室では気軽に参加できる初心者向けの「やすらぎの茶席」などさまざまなイベントが開催されている ❸すっくと伸びた竹が整然と続く緑のトンネル。陽の光を受けて輝く葉も美しい

㊋ 9:00～17:00（土・日曜、祝日は～19:00）、10月1日～3月31日は～16:00
※最終入園は各1時間前

㊡ 無休

㊕ 一律100円、未就学児無料

〒343-0015 埼玉県越谷市花田6丁目6-2
048-962-6999／東武鉄道越谷駅→バス10分、下車徒歩3分

POINT 江戸の大名庭園と変わらぬ規模を誇り、豪快に石を組んだ滝は水が躍り立体感や奥行きが感じられる。中島に掛かる太鼓橋、石橋は見る角度で重なりが変わり流れるように美しい。サクラ、ウメ、モミジなど2000本を超える樹木に四季折々の草花を組み合わせるという日本庭園としては画期的な植栽がされている。

no.58

三溪園

横浜市

横浜の実業家が築き上げた国指定名勝

明治末期から昭和初期にかけて、生糸貿易で財を成した横浜の実業家で、美術愛好家としても知られる原三溪氏が、東京湾に面した〝三之谷〟と呼ばれる谷あいに造り上げた日本庭園。

17万5000平方メートルの敷地は、丘陵と谷で形成された変化に富んだ地形で、京都や鎌倉などから集められた寺塔や殿舎、楼閣、茶室などの古建築が巧みに配置され、うち10棟が国の重要文化財に、3棟が横浜市の有形文化財に指定されている。これらの古建築と自然が調和した景観が文化財として高く評価され、2007年には国の名勝に指定された。

庭園の代表的な景観は、旧燈明寺三重塔を仰ぎ、春は満開のサクラに彩られる大池をはじめ、緑豊かな山々を背景にたたずむ臨春閣、渓谷と清美な楼閣建築の対比が美しい聴秋閣など。都会の喧騒がすっかり遮断された園内には、凛とした静寂感が漂い、その世界観に没入できる。春のウメやサクラ、夏のハス、秋のハギや紅葉と、季節の彩りとともにその風光明媚な美観を堪能したい。

早春は梅林の根元に開花するスイセンとのコラボレーションが見事

11月中旬から12月中旬の紅葉時期はしっとりとした古都の風情が漂う

❶春は9品種・約250本のサクラが咲き誇り、関東圏では珍しい岐阜県ゆかりのサクラも見られる ❷旧燈明寺本堂の周辺を彩る初夏のアジサイ ❸泥の中から清らかな花を咲かせるハス。早朝観蓮会の期間中は、朝7時から開園。咲いたばかりのハスを鑑賞できる ❹内苑の景観の中心となる「臨春閣」

POINT 外苑は花の名所として知られ、四季を通して楽しむことができる。5月は大池周辺の藤やハナショウブ、6月から初夏にかけては蓮池、睡蓮池のハスやスイレンが見事。池の南側、小山の上には旧燈明寺三重塔が見え大池からの眺めも格別。

(時) 9:00～17:00(最終入園は～16:30)
(休) 12月26～31日
(料) 高校生以上900円、小・中学生200円、未就学児無料

〒231-0824 神奈川県横浜市中区本牧三之谷58-1
045-621-0635／JR横浜駅→バス40分、下車徒歩5分

no.59

兼六園

金沢市

年間を通してさまざまな趣向のライトアップイベントが開催されている

日本三名園の一つに数えられ、〝庭園の国宝〟ともいえる国の特別名勝に指定されている「兼六園」は金沢屈指の観光名所。1676（延宝4）年、加賀藩5代藩主・前田綱紀が金沢城近くに別荘を建て、その周辺を庭園としたのが始まりで、長い歳月をかけ、歴代藩主によって形づくられ、一大庭園となったのは幕末時代のことだ。

約11・4ヘクタールに広がる「兼六園」は、江戸時代を代表する大名庭園。明るく開放的な「宏大」さに、静寂で奥深い「幽邃」の趣きを重ね、「人力」で拓きながらも「蒼古」な自然を守り、川や池などの潤沢な「水泉」と高台ならではの「眺望」を生かす——。古来より優れた景観の指標とされてきた、この〝六勝〟を兼ね備えていることが、稀有な名勝といわれる所以で、庭園名の由来でもある。

渓流、曲水、池、滝など多彩な水の景色を描き、四季折々の草木を配した作庭の妙は、歴代前田家藩主の美意識と遊び心があふれている。とりわけサクラが咲き誇る春と紅葉に包まれる秋は、息を飲むほどの美しさだ。

加賀百万石の歴史・文化を映す名勝

❶梅林の見頃は3月初旬から。約20品種・200本のウメが観賞できる ❷花見橋から見たソメイヨシノの花模様 ❸霞ヶ池のほとりにたたずむ、独特なフォルムのことじ灯籠

POINT 徽軫灯籠（ことじとうろう）から眺める霞ヶ池が有名だが、花見橋から眺めるサクラ、カキツバタ、ツツジの咲く風景は格別。曲水の緩やかな流れ、水に映り込む季節の花や樹々の姿はとても優雅。

❹11月の山崎山。カエデやケヤキなどが植栽されたこのエリアは、赤や黄色に染まる紅葉が見事だ ❺梅林の奥にある茶屋「時雨亭」では、庭園を眺めながらひと休みできる

㊐ **7:00～18:00、10月16日～2月末日は8:00～17:00**
※最終入園は各30分前

㊡ **無休**

㊙ **18歳以上320円、6歳以上18歳未満100円、未就学児、65歳以上無料　※入園無料の早朝開園あり。期間や営業時間はホームページで確認を**

〒920-0936 石川県金沢市兼六町1

076-234-3800／JR金沢駅→バス10分、下車徒歩5分

 https://www.pref.ishikawa.jp/siro-niwa/kenrokuen

no.60

足立美術館

安来市

借景の山並みと庭園の調和が美しい同館の主庭「枯山水庭」

島根県安来市にある「足立美術館」は、地元出身の実業家・足立全康氏が収集した美術品をもとに、1970（昭和45）年に開館。近代日本画の巨匠・横山大観の120点にもおよぶ珠玉のコレクションをはじめ、竹内栖鳳、川合玉堂、上村松園、橋本関雪らの名作や、北大路魯山人の名品を所蔵している。

もう一つの醍醐味は、まるで〝生きた日本画〟のような美しい日本庭園。周囲の自然を借景にした枯山水庭や白砂青松庭、池庭などの多様な庭園を擁し、面積は約5万坪におよぶ。庭園に配された庭石や松などは、庭づくりに心血を注いだ足立氏が、全国各地を訪ね歩き、自ら探し求めたという。

また、アメリカの日本庭園専門誌の「日本庭園ランキング」では連続1位に輝き、フランスの旅行ガイド『ミシュラン・グリーンガイド・ジャポン』では三つ星（最高評価）として掲載されるなど、海外での評価も高い。

日本画は四季の移ろいに合わせて特別展が開催され、季節の彩りが添えられた庭園と名画、双方のアプローチから美の世界に没頭できる。

名画のコレクションと庭園の美を巡る

❶横山大観の名作『白沙青松』をモチーフに作庭された「白砂青松庭」❷こちらは11月の「枯山水庭」。セピアトーンの山々に鮮やかな紅葉が映える ❸本館の横山大観特別展示室

POINT 主庭となる「枯山水庭」は借景の自然の山々、なだらかな起伏ある芝地、リズミカルに植えられたマツ、ツツジやサツキの刈り込みなど流れるような曲線の美を堪能できる。

❹2020年に新設された「魯山人館」。陶芸や書画など常時約120点の作品を展示している ❺枯山水庭を眺めながらオリジナルブレンドコーヒーが味わえる「喫茶室 翠」

(時) 9:00～17:30（10～3月は～17:00）
(休) 無休　※新館のみ休館日あり。ホームページで確認を
(料) 一般2300円、大学生1800円、高校生1000円、小・中学生500円、未就学児無料
※2025年4月1日から一般2500円、大学生2000円に改定

〒692-0064 島根県安来市古川町320
0854-28-7111／JR安来駅→無料シャトルバス20分、下車すぐ

no.61

特別名勝 栗林《りつりん》公園

高松市

一歩一景と称される四国唯一の特別名勝

「栗林公園」は、四国で唯一、国の特別名勝に指定されている回遊式大名庭園。1631年頃、地元の土木技術家・西嶋八兵衛が庭園の基礎を築き、その後、初代高松藩主・松平頼重に引き継がれ、100年以上の歳月を経た1745（延享2）年、5代藩主・頼恭の時代に完成した。以降も歴代藩主によって修築を重ね、松平家の別邸として慈しまれてきた。

西にそびえる紫雲山を背景に、6つの池と13の築山が巧みなバランスで配され、優れた作庭技術を取り入れた地割りや石組み、四季折々の彩りが相まって、歩みを進めるごとに変化する景観は〝一歩一景〟と称される。

なかでも、富士山に見立てたといわれる築山「飛来峰」の山頂は、園内随一のビュースポット。紫雲山を背景に南湖を見下ろし、手前には優雅な弧を描く偃月橋、その奥の湖畔には歴代藩主が愛した茶室「掬月亭」を望む。

サクラが開花する百花繚乱の春、紅葉が鮮やかな秋は一層すばらしく、見頃に合わせてライトアップされる幻想的な光景は一見の価値あり。

梅林には香り豊かなコウバイやハクバイなど約190本が植栽されている

❶3月下旬から4月にかけては、ソメイヨシノを中心にさまざまな品種のサクラが咲き誇る ❷初夏の「花菖蒲園」では、6月から7月紫、白、青など色とりどりの花が咲く ❸錦秋の風景を描く秋の南湖 ❹茶屋「掬月亭」では、庭と一体化したような風通しのよい空間で一服できる

「飛来峰」からの眺め。紫雲山の深緑とそれを映す南湖の水面が美しい

㊐ **5:30～19:00**
※上記は6～8月の開園時間。その他の期間はホームページで確認を
㊡ **無休**
㊊ **高校生以上410円、小・中学生170円、未就学児無料**

〒760-0073 香川県高松市栗林町1丁目20-16
087-833-7411／JR栗林公園北口駅→徒歩3分

POINT 南湖に浮かぶように建てられた「掬月亭(きくげつてい)」。船を思わせる低い手すりのついた「掬月の間」は、中央に座ると部屋と縁側の柱が重なって開放的となり水と緑の絶景が広がる。紅葉も美しいが、新緑のモミジも水に映えおすすめ。

no.62

水前寺成趣園《すいぜんじじょうじゅえん》

熊本市

池泉と美しい山稜を描く富士築山。緑豊かなグラデーションが美しい

阿蘇の湧水を湛える回遊式庭園

熊本を代表する観光名所として知られる「水前寺成趣園」は、国の名勝・史跡に指定されている風光明媚な回遊式庭園。江戸初期の1632（寛永9）年、初代熊本藩主・細川忠利がこんこんと清水の湧き出るこの地に御茶屋を建てたのが始まりだ。その後、三代目・綱利が回廊庭園の整備を手掛け、1671（寛文11）年に完成させた。「成趣園」の名称は、中国の詩人・陶淵明の詩にちなみ、命名されたという。

庭園の最大の見どころは、阿蘇の伏流水を湛えた1万平方メートルの池泉と、富士山の優雅な円錐形を模した「富士築山」。周囲には、石橋や浮石、マツの植木などが巧みに配され、バランスの妙が織り成す風光明媚な景観が心に染み入る。その対岸、池の西側に建つ茅葺屋根の「古今伝授の間」は1912（大正元）年に京都御所から移築されたもので、ここの座敷から眺める庭園が最も秀逸という声も。

園内に鎮座する出水神社の神水「長寿の水」も、池泉と同様阿蘇の湧水。散策後は恵みの水で喉を潤したい。

❶早春は白やピンクのウメの花が目を楽しませてくれる ❷サクラの開花時期は3月下旬から4月上旬にかけて。写真は桜の広場 ❸11月下旬から12月上旬はモミジやイチョウが色づき、紅葉狩りが楽しめる

POINT 京都御所から移築されたとされる茅葺屋根の「古今伝授の間」。琵琶湖さながらの湧水池そばに建ち、富士山を模して周囲に連なる山々の築山や竹生島。園内随一の絶景ポイントからは情緒あふれる風景が広がる。

❹池泉の湧水は年中ほぼ18℃。冬、気温が下がると、水温との温度差で靄が発生し、幻想的な風景に ❺西南戦争後、焼け野原の園内に藩主の御霊を祀るため創建された出水神社

㊓ 8:30～17:00（最終入園～16:30）
㊡ 無休
㊕ 高校生以上400円、小・中学生200円、未就学児無料

〒862-0956 熊本県熊本市中央区水前寺公園8-1
096-383-0074／熊本市電水前寺公園駅→徒歩4分

column7

庭師やガーデナーの世界

素晴らしい庭園やガーデンには必ずその庭や植物を管理する庭守がいます。「庭師」や「ガーデナー」と言われる人たちです。庭の手入れには植物の知識や高度な庭園管理技術が必要です。例えば植物の種類や花の咲く時期、種類により変わる剪定の仕方、肥料の与え方や土壌を健康に保つ方法、鳥や虫などの生物に関する知識など。本や資料で得る知識もありますが、自然や植物と関わること、技術者から学ぶことで経験を重ね、スペシャリストになっていきます。

四季の変化や花の咲く姿、風景からは感性が磨かれて、庭づくりの世界に活かされていきます。庭師やガーデナーの見ている視線の先には庭の時間や色彩、造形が融合した創造的な世界が広がっているのかもしれません。訪れた際には是非庭や植物の話で交流して自然の中で得られる体験を共有してみてはいかがでしょうか。

Yoko Oshima

グループ向け庭園

GROUP

家族や気の合う仲間と
訪れたい、広々庭園

no.63

東京ドイツ村

袖ケ浦市

ドイツの田園風景に花が咲き継ぐ

千葉県袖ケ浦市にあるドイツの田園風景をイメージした花と緑のテーマパーク。観覧車がランドマークのカントリーエリアや人気のアトラクションが集まるパークエリアなど4つのゾーンからなり、それぞれに個性豊かな花畑が配され、一年中、途切れることなく季節の花々が楽しむことができる。

見どころが満載なのは春。4月上旬からシバザクラが咲き始め、5万株が咲きそろう最盛期には一面ピンク色の絨毯に！　短い期間だが、ピンクのグラデーションが連なるソメイヨシノとの共演もすばらしい。続いて4月下旬から5月中旬には「いろどりの丘」に淡いブルーのネモフィラが鮮やかに咲き誇る。5月中旬になると春バラの季節。約２５０品種・３０００株が次々と開花し、春爛漫の絶景と出合える。

ふわふわのボールのように丸みを帯びて育つコキアは、夏は淡い緑色、秋になると赤から深紅へ色が深まり、色彩の変化がドラマチックだ。

総面積は91万平方メートルと広大だが、各エリアに駐車場があり、園内もマイカーで移動できるのが嬉しい。

春バラは5月中旬、秋バラは10月中旬からそれぞれ咲き始める

入り口ゲートを抜けるとすぐに「ヨーロピアンガーデン」が迎えてくれる

❶「いろどりの丘」の広大な丘陵地を7万株のネモフィラが覆い尽くす ❷6月は優美なユリ、9月下旬から11月上旬はケイトウが観賞できる「四季の丘」 ❸「ジージの森」は好奇心がくすぐられる仕掛けがいっぱい ❹カントリーエリアでは、ジャガイモや落花生の収穫体験が楽しめる

(時) 9:30分～17:00(最終入園は～16:00)
※季節によって変動あり

(休) 無休

(料) 中学生以上1000円、4歳～小学生500円、未就学児無料

〒299-0204 千葉県袖ケ浦市永吉419

0438-60-5511／姉崎袖ケ浦IC→車5分

POINT 五感を刺激する植物がナチュラルに植栽された「ファイブセンスガーデン」。一段低く沈み込んだサークルベンチから空を見上げると風に揺れる風知草(フウチソウ)や数種のグラス類が庭と一体となり新感覚。

 https://t-doitsumura.co.jp

写真提供：東京ドイツ村

no.64

国営ひたち海浜公園

ひたちなか市

空と海、ネモフィラのブルーが溶け合う

1991(平成3)年、首都圏の人口増・多様化するレクリエーション需要に応えるため、茨城県ひたちなか市に開園した国営公園。開園面積約215万平方メートルの園内は、樹林や砂丘、海浜、湧水地など自然環境を生かした7エリアがあり、自然観察園、遊園地、バーベキュー広場など多彩なスポットがそろい、家族連れにも人気が高い。花の見どころも充実し、春はスイセンやチューリップ、夏はジニアやヒマワリ、秋はコスモス、ソバなど、季節それぞれの花風景が楽しめる。

特に毎年数多くの来園者を集めるのが、春のネモフィラと秋のコキアのシーズン。園内で最も高所に位置する「みはらしの丘」には、4月中旬から5月上旬にかけてブルーのネモフィラが咲き誇り、大地と空と海が織り成す青の三重奏は、まさに絶景だ。

7月上旬からすくすく成長していくライムグリーンのコキアは、モコモコの球形が整列する姿がかわいらしく、真っ赤に紅葉する秋とのギャップが楽しい。夏から秋にはコキアが主役のライトアップイベントも開催される。

ネモフィラの青い絨毯が丘陵の曲線に沿って緩やかに波打つ

約120品 種・3400株 のバラが植栽された「常陸ローズガーデン」

❶色彩豊かなチューリップのパレット ❷「みはらしの丘」を真っ赤に染め上げるコキア ❸冬に咲くアイスチューリップ。球根を特殊な方法で冷蔵処理し、冬の低温を疑似体験させることで開花させる ❹春バラは5月中旬から6月上旬、秋バラは10月下旬から11月上旬にかけて見頃に

POINT ネモフィラで有名だが、春のスイセンが広がる風景もまた格別。園内には約100万本が植わり、黄色や白の花が一面に広がる。スイセンガーデンではマツ林の樹林内で多種多様な花が咲き、風に揺れ美しく香りも素晴らしい。

㊋ 9:30～17:00(季節によって変動あり)
㊡ 火曜(祝日の場合は翌平日休)
㊔ 高校生以上450円、65歳以上210円、中学生以下無料(季節によって変動あり)

〒312-0012 茨城県ひたちなか市馬渡大沼605-4
029-265-9001／JR勝田駅→バス15分、下車すぐ

no.65

国営昭和記念公園

立川市・昭島市

2列ずつ秩序正しく植栽されたイチョウは、美しい緑の回廊のよう

深緑と黄葉のイチョウ回廊が絶景

東京都の立川市と昭島市にまたがって広がる「国営昭和記念公園」は、昭和天皇御在位50年記念事業の一環として、1983(昭和58)年、立川飛行場跡地に造成された国営公園。約180万平方メートルの園内には、約800種類の花や植物が植栽され、春にはポピー、秋にはコスモスの大パノラマを描く園内最大の花畑「花の丘」など、個性豊かな花の名所がそろう。

立川口ゲートから入園すると、まず目に飛び込むのが、全長200メートルの水路が真っすぐにのびるカナールの広場。水路の両サイドには計106本のイチョウ並木が左右対称に整然と植栽され、深緑の夏、黄葉の秋いずれも周囲の花々とのコラボレーションが見事だ。

春のおすすめは「桜の園」。ソメイヨシノを中心に樹齢50年以上のサクラの大木がゆったりと枝葉を広げ、壮麗な花風景と出合える。地面近くまで大きく垂れた枝のサクラは、腰掛けるとすぐ目の前に。とっておきの花見ができそうだ。

❶渓流広場に広がる春のチューリップガーデン ❷サクラと菜の花が同時に咲き誇る「旧桜の園」は隠れた人気スポットだ ❸高さ20メートルのシンボルツリー、大ケヤキを中心に季節の花が咲く「みんなの原っぱ」

POINT 大名庭園のような池泉回遊式の日本庭園は、四季折々の風景が楽しめ、秋は池のほとりのモミジが真っ赤に色づき、水鏡も美しい。春はシダレザクラ、夏は八ッ橋からのハナショウブ、冬にはマツの雪吊りを見ることができる。本格的な茶室を備えた数寄屋造りの建物や、長く伸びた木橋が庭園を引き締め、落ち着きのある景色が味わい深い。

❹黄金色に輝くイチョウのトンネル。園内には2か所のイチョウ並木があり、どちらも見応えがある ❺首都圏で戦後最大規模という約6万平方メートルの日本庭園。秋は紅葉が見事

時 9:30～17:00(4～9月の土・日曜、祝日は～18:00、11～2月は～16:30)
休 無休　※臨時休園あり。ホームページで確認を
料 高校生以上450円、65歳以上210円、中学生以下無料

〒190-0014 東京都立川市緑町3173
042-528-1751／JR立川駅→徒歩10分

no.66

鶴舞《つるま》公園

名古屋市

和洋折衷の意匠が冴える名古屋初の市営公園

愛知県名古屋市の中心部に位置し、図書館や公会堂なども備える「鶴舞公園」は、１９０９（明治42）年に市が設置した初の都市公園。明治の欧化思想の影響を受け、西側には噴水塔を中心に花壇やバラ園を配した洋風庭園、東側には胡蝶ヶ池や菖蒲池が水を湛える回遊式の日本庭園があり、和洋折衷の造りになっている。２００９年、公園のほぼ全域が、文化財保護法に基づく登録記念物に登録された。

公園全体の設計は〝日本の公園の父〟と呼ばれる日本初の林学博士・本多静六氏と〝名古屋を造った建築家〟と称される鈴木禎次氏が手掛けた。シンボルとして親しまれる「噴水塔」も鈴木氏による設計で、大理石の円柱が映えるローマ様式と基部に岩組みを配した和洋折衷の瀟洒なデザインが特徴。青銅製の水盤から突き出した8つの水路から流下した水が弾け、細かな飛沫となって清涼感をもたらす。

園内には、約７００本のソメイヨシノや約２０００本のヒラドツツジ、約2万株のハナショウブなどが植栽され、季節ごとの花風景も味わい深い。

日本さくら名所100選にも選ばれた名所で、開花時期はライトアップも

❶しっとりと美しい6月の「あじさいの散歩道」❷胡蝶ヶ池を彩るハスは7・8月が見頃 ❸名古屋市の有形文化財に指定されている「噴水塔」。ローマ様式の美しいフォルムが目を引く ❹イタリア・ルネサンス風の「奏楽堂」。細部にはアールヌーヴォーのデザインが施されている

約140品種・1400株が植栽されたバラ園は 5月上旬から6月中旬が見頃

POINT サクラ、バラ、ハナショウブ、ツバキと花のリレーが楽しめる公園。バラ園はクラシックな風情のある西洋庭園にあり、色彩豊かなバラと芝のコントラストが際立つ整然とした美しさ。バラ園越しに見える奏楽堂がノスタルジックな雰囲気でフォトスポットに最適。

㊐ **入園自由**
㊡ **無休**
㊕ **入園無料**

〒466-0064 愛知県名古屋市昭和区鶴舞1
052-733-8340(名古屋市緑化センター)／JR鶴舞駅→徒歩すぐ

 https://tsurumapark.info

no.67

国営海の中道海浜公園

福岡市

四季折々の花スポットを巡る

博多湾と玄界灘の2つの海に囲まれた砂州状の地形「海の中道」に位置する国営海浜公園。東西約6キロメートルに渡って広がる園内は、花の名所としても知られ、1万平方メートルの丘陵地一面が、春は瑠璃色のネモフィラ、秋はピンクや白のコスモスに覆われる「花の丘」をはじめ、約250種類の宿根草や1・2年草がナチュラルな風合いを描く「シンフォニーガーデン」など見どころが盛りだくさんだ。

なかでも注目は〝屋根のない花の美術館〟をテーマに個性豊かな10のエリアを展開する「フラワーミュージアム」。高さ8メートルのシンボル塔「光の城」を中心に、階段状に配された石積みの花壇に色とりどりの花々が植栽され、立体的な演出に目が奪われる。赤レンガの建造物が並ぶ「彩りの街並み」では、ハンギングバスケットやツル性植物を使用して空間を華やかに演出。毎年5月には、赤レンガの壁をツルバラが優雅に覆い、美しい情景を描く。

広大な園内を回るにはレンタサイクルがおすすめ。潮風に吹かれ、サイクリングと花巡りを満喫したい。